EINFACH RAUS!

BEATE UND OLAF HOFMANN

Einfach raus!

Wie Sie Kraft aus der Natur schöpfen

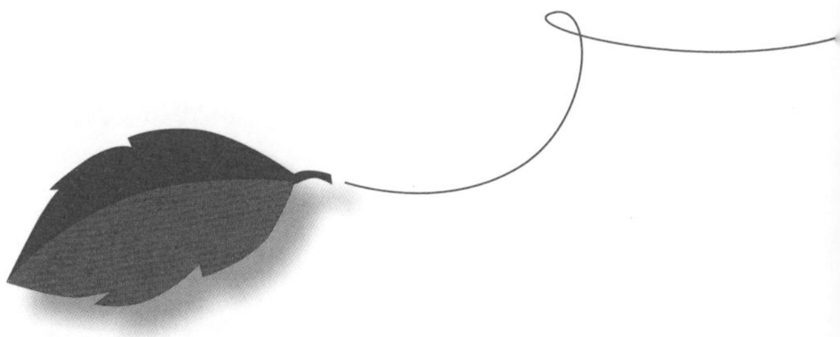

Patmos Verlag

»Glaube mir, denn ich habe es erfahren, du wirst mehr in den Wäldern finden als in den Büchern. Bäume und Steine werden dich lehren, was du von keinem Lehrmeister hörst.«

BERNHARD VON CLAIRVAUX

Für Lina und alle, die eine Spur wilder leben wollen.

Inhalt

Vorwort

Kennen Sie den Gedanken: »Ich will hier raus«? Raus aus dem Alltagstrott, raus aus der Beziehungsfalle, raus aus dem Büro, der ständigen Erreichbarkeit oder raus aus dem Hamsterrad? Manchmal taucht dieser Impuls urplötzlich auf, oft schleicht er sich über Wochen oder Jahre an und wird immer drängender.

Doch Sie wissen, bei radikalen Ausstiegen ist eine Enttäuschung oder Überforderung vorprogrammiert. Vielleicht fragen Sie sich, ob es immer die großen Fluchten, die Sabbatjahre, die rigorosen Veränderungen sein müssen? Wie lässt sich mit einfachen Möglichkeiten in kurzer Zeit etwas verändern, sodass neuer Wind ins Leben kommt, kreatives Denken die Arbeit erneuert und die Lebensfreude wächst?
Wie können wir stark im Leben werden und vor allem bleiben?
Wir haben nach neuen Erkenntnissen gesucht und sind auf das Geheimnis der »grünen Resilienz« gestoßen, die es uns ermöglicht, stärker zu leben, achtsamer zu handeln und die eigene Kreativität neu zu beleben. Es ist eine vielfach ungenutzte, ganz außergewöhnliche Ressource, die uns allen zur Verfügung steht: die Kraft der Natur, die Weite der Wildnis, die Stärke, die Hildegard von Bingen »Grünkraft« und die wir »Wildniskraft« nennen.
Immer mehr Forscher beschäftigen sich als Neurowissenschaftler, Psychologen, Pädagogen oder Soziologen mit dem Zusammenhang von menschlichem Wohlbefinden, Kreativität und dem Gesundheitsfaktor Natur. Manchmal sieht man den Wald vor lauter Bäumen nicht. Doch das darf sich ändern! Es ist an der Zeit, dass wir Natur proaktiv nutzen und einfach rausgehen, um den vielfältigen Anforderungen unseres Lebens besser zu begegnen. Sie werden entdecken, dass es sich lohnt,

den Wald mit offenen Augen und allen Sinnen wahrzunehmen. Denn eine Grundbedingung für Glück ist die Verbundenheit von Mensch und Natur.
Deshalb lassen Sie sich inspirieren und ermutigen: Werden Sie zum Querdenker, gönnen Sie sich Pausen, wagen Sie sich in die Wildnis vor der Haustür, nutzen Sie die Heilkraft der Natur, entdecken Sie neue Kraftquellen, ermöglichen Sie Kindern starke Lebenswurzeln. Kurzum: Gehen Sie raus und bringen Sie Ihr Lebensglück langfristig in den grünen Bereich!

Für dieses Buch sind wir in den letzten Monaten viel unterwegs gewesen, haben interessante Menschen befragt und Expertenwissen zusammengetragen. Vor allem aber sind wir rausgegangen und haben selbst erlebt, wie die Natur aktiviert und stärkt. Da immer nur eine Person in die Tasten des Computers greifen kann, schreibe ich, Beate Hofmann, diese Texte für Sie. Das Wissen stammt allerdings von meinem Mann Olaf und mir gemeinsam. Denn der Wildnisliebhaber, Abenteurer und Erlebnispädagoge ist er. Meine Stärke ist eher die Verbindung hin zur Psychologie, Resilienzforschung und Persönlichkeitsstärkung. Freuen Sie sich daher auf eine doppelte Perspektive und ein außergewöhnliches Buch.

Beate & Olaf Hofmann

KAPITEL 1

Raus aus der Box

Werden Sie zum innovativen Querdenker

Innovation beginnt draußen

Der Arbeitstag war lang und intensiv. Wir haben einen Vortrag vor Unternehmerinnen und Unternehmern in Ingolstadt gehalten. Jetzt liegen reichlich vier Stunden Rückreise auf der Autobahn vor uns. Dabei fährt Olaf das Auto und ich will Texte für unseren Newsletter verfassen. Doch ich fühle mich ziemlich ausgelaugt. Mein Kopf ist leer, zumindest im Blick auf Impulse und kreative Gedanken, die es wert sind, publiziert zu werden.

»Übergänge sind kreative Freiräume, die stets Erneuerungen mit sich bringen«, erinnere ich mich an einen Gedanken aus dem Buch der Philosophin Natalie Knapp, das ich kürzlich gelesen habe. Ist diese Rückfahrt nicht genau solch ein Übergang, den wir bewusst gestalten können? Das leise Bedenken, dafür keine Zeit zu haben, wird weggewischt. Es liegt bei uns, ob wir uns die Zeit dafür nehmen wollen oder nicht. Also setzt Olaf den Blinker, nimmt die nächste Ausfahrt und steuert den erstbesten Wanderparkplatz an.

»Kindinger Klause« steht auf einem der Wegweiser und macht auf eine regionale Felsenhöhle aufmerksam. Wir schlüpfen in Turnschuhe, die zur Standardausrüstung in unserem Auto zählen, und machen uns auf den Weg über das Feld, den Berg hinauf, einem farbenprächtigem Mischwald entgegen. Nur 20 Minuten später klettern wir den Pfad zu einem imposanten Felsdach hinauf. Wir sind allein im Wald, von fern hört man noch die Geräusche der Autobahn.

Vielleicht zehn Meter breit und acht Meter tief ist dieser Felsüberhang. Einige Baumstämme um einen Feuerplatz in der Höhle laden ein, Platz zu nehmen. Wir haben unter dem Felsdach heraus einen weiten Blick in den Wald, der sich förmlich zu unseren Füßen ergießt. Keiner von uns spricht. Wir sitzen schweigend, lassen die Gedanken ziehen, zurück zu dem Vortrag, den unterschiedlichen Menschen, denen wir begegnet sind, und weiter zurück zu den Menschen, die hier jahrtausendelang Unterschlupf gesucht haben. Dies jedenfalls besagt eine Tafel an der Höhlenwand. Seit Urzeiten ist diese Höhle ein Rückzugsort für

Menschen gewesen. Hier haben sie den Winter oder lange Regentage trocken überstanden, am Feuer gesessen, Gemeinschaft genossen, Freude und Leid geteilt, Rituale gepflegt und Werkzeuge hergestellt, mit denen sie dann wieder hinausgezogen sind. Der Lärm der Autobahn wird vom Rauschen des Windes in den Baumwipfeln verschluckt. Wir tauchen ein in eine Welt, wie sie vor Urzeiten war, fühlen uns den Urururahnen eigentümlich nahe.
Denn auch wir suchen Sicherheit, brauchen die Geborgenheit eines geschützten Ortes, sammeln uns, um Gemeinschaft und Erfahrungen zu teilen, und fühlen uns gleichzeitig hinausgezogen. Hinaus in ferne Welten, in neue Erfahrungsräume, in fremde Gebiete, die wir entdecken wollen. Aufbruch und Rückzug gehören untrennbar zusammen. Wer sich gestärkt hat (zum Beispiel in solch einer Höhle), der konnte irgendwann kraftvoll wieder losziehen. Die Höhle, die Weite der Natur, das intensive Spiel der Farben durch die reflektierende Sonne in den Bäumen, das Raunen des Windes – sie wirken an diesem Tag wie ein klärendes Bad für die gedanklichen Ablagerungen, die unser Denken zäh gemacht haben. Allmählich fällt die Anspannung ab, kehrt die Lust am Denken zurück. Wir tauchen in ein gutes Gespräch ein. Ein Wort gibt das andere. Diese Höhle erinnert uns an einen Ort im Elbsandsteingebirge, in der Sächsischen Schweiz. Als Jugendliche waren wir dort zum »Boofen«. So nennt man das wilde Übernachten im Freien unter ebensolchen Felsüberhängen. Es waren großartige Abenteuer, unmittelbar vor der Haustür, die uns in ganz besonderer Weise mit der Natur verbunden haben. Es fühlte sich so unmittelbar, so fremd und so vertraut zugleich an. Warum haben wir dies nie mehr wiederholt? Warum geben wir den Terminen, der Fremdbestimmung von außen den Vorrang vor solchen Ideen? Wäre es nicht originell, statt im Hotel demnächst mal wieder unter freiem Himmel oder in einer unserer alten »Boofen« zu übernachten? Wir spinnen ganz wunderbare Pläne und entdecken eine Fülle an Möglichkeiten. Es ist, als würde einem das sprichwörtliche innere Licht aufgehen und kreative Gedanken tauchen plötzlich auf, wie Mücken, die vom Licht angelockt werden.

Wir sind hier draußen »out of box«, weg von dem, was wir üblicherweise tun würden, nämlich zielgerichtet von einem zum nächsten Termin unterwegs zu sein. Und dieses unverhoffte, kurze Rausgehen in die Natur zeigt überraschende Wirkung. Nicht nur, dass ich mein Notizbuch zücke, um einige Gedanken für den Newsletter festzuhalten, nein, wir haben einen Ort gefunden, der uns zum Kraftort geworden ist und den wir mit Sicherheit aufsuchen werden, wenn wir wieder auf der A9 unterwegs sind. Nur beim nächsten Mal ganz gezielt.

Das Ding mit der Box

Hier haben Sie eine Pappschachtel mit Reißzwecken. Eine kleine Kerze und Streichhölzer. Ihre Aufgabe ist es, die Kerze so an der Wand zu befestigen, dass das Wachs nicht auf den Boden tropft.
So oder ähnlich wird der Psychologe Karl Duncker seine Studienteilnehmer vor bald 80 Jahren für ein Experiment vorbereitet haben, mit dem er deren kreative Problemlösefähigkeit testen wollte. Es war jedes Mal das Gleiche. Die Probanden testeten die wildesten Sachen. Sie weichten das Wachs an der Seite der Kerze auf und versuchten, sie an die Wand zu kleben. Oder sie wollten die Reißzwecken als Nägel nutzen und die Kerze damit irgendwie anpinnen, was natürlich misslang. Erst nach einigem Versuchen, Probieren und Nachdenken kamen manche auf die recht simple Lösung für das Problem.

»Man sieht oft etwas hundert Mal, tausend Mal, ehe man es zum allerersten Mal wirklich sieht.«
CHRISTIAN MORGENSTERN

Sie leerten die Schachtel mit Reißzwecken aus, pinnten die Schachtel so an die Wand, dass sie zur Standfläche wurde und befestigten mit wenigen Wachstropfen die Kerze darin. Fertig war der Wandkerzenhalter. Da zeigt sich mal wieder, dass man oft etwas hundert oder tausend Mal sieht, ehe man es zum allerersten Mal wirklich sieht! Was alles in einer kleinen Schachtel steckt! Sie ist viel mehr als eine Schachtel. Sie ist darüber hinaus ein Kerzenständer und sicher noch viel mehr!

Hätten Sie die Lösung gefunden? Ich hatte echte Mühe, Olaf dagegen war in reichlich einer Minute fertig. Er hatte kein Problem damit, die Funktion der Kiste zu ändern. Ähnlich kreativ sind auch Kinder bis zum fünften Lebensjahr. Danach beginnen die Kleinen, beeinflusst von ihrer Umwelt, Aufgaben weniger intuitiv, chaotisch und probierend, sondern mit mehr Denkleistung zu lösen.

Das wiederum führt nicht immer zu schnelleren Ergebnissen und schon gar nicht zu originelleren Ideen. Genau diese aber haben wir in unserer Wissensgesellschaft dringend nötig.

Kreativität ist eine unverzichtbare Grundlage für neue Ideen und deren erfolgreiche Umsetzung. Dabei ist es egal, ob es um Kreativität in Unternehmen, Wissenschaft oder Schulen geht.

Denn es gehen alle gemeinsam auf riesige Herausforderungen zu. Bisher waren es bloße Zahlen der Statistiker oder Eindrücke im Fernsehen, die uns das Bevölkerungswachstum weltweit in die Wohnzimmer trugen. In Deutschland haben wir davon kaum etwas bemerkt. Doch mittlerweile stehen die Flüchtlinge direkt vor unsere Haustür. Die Grenzen sind belagert von Menschen, die ihre Heimat verloren haben und nur noch raus wollen aus Krieg, Hunger, Hoffnungslosigkeit.

Das gigantische Wachstum der Weltbevölkerung, dazu noch Naturkatastrophen in Folge des Klimawandels und eine Fülle von technologischen Herausforderungen – die Menschheit hat allen Grund, nach kreativen Lösungen für das künftige Leben zu suchen. Der britische Bildungsexperte Ken Robinson schreibt: »Diese große neue Menschenmasse wird Technologien anwenden, die noch nicht erfunden sind – auf eine Art, die wir uns nicht vorstellen können, und in Berufen, die heute noch nicht existieren.«[1] Keiner von uns kann genau vorhersagen, wie sich die Zukunft gestalten wird. Keine der vergangenen Epochen der Weltgeschichte hatte so globale und komplexe Veränderungen in einer so rasanten Geschwindigkeit zu bewältigen. Deshalb brauchen wir nicht nur persönlich, sondern auch für unsere Gesellschaft das innovative »out of box«-Denken. Die große Frage ist, wo holen wir uns die Innovation? Woher kommt sie?

Ideenpool Natur

Die größte Ressource für Innovationen liegt unmittelbar vor unserer Haustür. Sie ist gewissermaßen in und um uns zu finden. In ca. vier Milliarden Jahren musste sich die Natur immer wieder anpassen. Sie hat dabei komplexe Herausforderungen bewältigt. Denken Sie nur daran, wie vielfältig Lebewesen auf dieser Erde unterwegs sind. Sie kriechen, fliegen, schwimmen, haben den Schutz von Borke, Haut, Schalengehäusen, gewinnen Nährstoffe aus der Luft oder dem Boden, erneuern sich selbst, pflanzen sich fort, profitieren vom Verbund mit anderen. Innovation pur! Man muss kein Wissenschaftler sein, um darüber ins Staunen zu geraten. Doch gerade diese stellen oft während ihrer Forschungen fest, dass sie mit jeder Erkenntnis fragender werden und ehrfürchtig vor den komplexen Zusammenhängen der Natur stehen. Die Natur bietet unzählige Beispiele für technische Innovation oder für soziale Kooperation. Beispielsweise sprießt die asiatische Lotuspflanze nur deshalb blütenrein aus grünen Tümpeln, weil ein spezielles Wachs auf der Pflanzenoberfläche dazu führt, dass ein Wassertropfen lediglich 0,6 Prozent Auflagefläche auf ihren Blättern hat, folglich an ihr abperlt und dabei noch eine Besiedlung der Pflanze mit Mikroorganismen oder Algen verhindert. Forscher schauten sich den selbstreinigenden »Lotus-Effekt« ab und entwickelten eine Fassadenfarbe, die bewirkt, dass der Schmutz mit dem Regen an Häusern abperlt. Oder kennen Sie die Selbstheilungskräfte der Birkenfeige? Dieses Maulbeergewächs stammt ursprünglich aus Asien. Vielleicht ziert der Ficus Benjamini auch bei Ihnen als Zimmerpflanze Büro und Wohnräume. Dann ist Ihnen sicher der weiße Pflanzensaft aufgefallen, der austritt, sobald ein Zweig der Pflanze angebrochen ist.

Dieser protein- und latexhaltige Milchsaft sorgt für einen perfekten Wundverschluss bei Verletzungen. Derzeit wird geforscht, wie dieses Phänomen auf selbstreparierende Werkstoffe übertragen werden kann. So könnten feinste Brüche zum Beispiel in der Aufhängung von Stoßdämpfern beim Auto oder bei Dichtungen, ja selbst bei der Lackierung von Autos oder in den Displays von Handys sich selbst reparieren. Zahlreiche Pflanzen und Tiere verfügen über erstaunliche Fähigkeiten, die wir mit heutigen technischen Möglichkeiten analysieren und als Ideenpool für neue Innovationen nutzen können. Nach Aussage der Forscher kann Evolution die technische Revolution enorm beflügeln. Diese Annahme ist der Ansatz der modernen Bionik, einer Kombination aus den Wissenschaftsbereichen Biologie und Technik. Die Bionik schöpft aus einem schier unerschöpflichen Pool an biologischen Vorbildern. Hier finden sich Antworten oder Denkansätze für gegenwärtige technische Problemfragen. Sie ermöglichen damit ein neuartiges Denken.

Ein Klassiker der Bionik ist die Entdeckung des Schweizer Ingenieurs Georges de Mestral. Ihm ging es so wie vielen Hundebesitzern, er ärgerte sich über die zahlreichen Kletten, die er nach Spaziergängen durch Wald und Feld aus dem Fell seines Hundes klauben musste. Mestral, von Natur aus neugierig, fragte sich nach der Ursache der Klebewirkung der kleinen Pflanzenteile und entdeckte unter dem Mikroskop Erstaunliches. Die Klettfrüchte besitzen Unmengen von winzigen elastischen Häkchen, die sich beispielsweise im Fell des Hundes verfangen können. Mestral überlegte sich, ob man diese Häkchen auch wieder lösen könnte, und entwickelte ein Flauschband mit feinsten geschlossenen Schlingen, in dem sich derartige Häkchen verfangen, aber auch wieder lösen können. 1951 meldete Georges de Mestral den Klettverschluss zum Patent an, gründete seine Firma Velcro Industries und brachte acht Jahre später den ersten Klettverschluss auf den Markt. Die Firma ist bis heute Weltmarktführer, beschäftigt weltweit über 3.000 Mitarbeiter und setzt über 250 Millionen Dollar jährlich um.[2]

Georges de Mestral gilt als Pionier der Bionik. Diese innovative Wissenschaft hat sich vielfältig weiterentwickelt und es ist mehr als spannend, was für Anregungen die Wissenschaftler immer neu aus der Natur beziehen. Steve Jobs, dem Gründer der Firma Apple und technologischem Visionär, wird das Zitat zugeschrieben: »Ich denke, die größten Innovationen des 21. Jahrhunderts werden an der Schnittstelle von Biologie und Technik entstehen.« Das setzt voraus, die uns umgebende Natur aufmerksam wahrzunehmen, staunend zu bleiben, aber auch achtsam und vorsichtig zu behandeln. Denn wir haben hier eine Quelle von Kreativität, die wir uns mit dem Aussterben jeder Spezies selbst dezimieren. Oder wie der Biologe und Philosoph Andreas Weber schreibt: »Nur wenn wir die Natur bewahren, werden wir langfristig unsere eigene Humanität und Freiheit retten können.« Wir brauchen die Natur, um zukunftsweisend zu denken und uns davon anregen zu lassen. »Plankton und Obst inspirieren die Technik«, so lautet folgerichtig eine Titelzeile der Zeitschrift »Die Welt« vom 28.11.2014. Darin wird beispielsweise beschrieben, wie Forscher die Pampelmuse für die Entwicklung neuer Sturzhelme nutzen. Diese Frucht hat eine schaumartige, weiche Fruchtschale, die den Aufprall aus zehn Metern Höhe auf einen Betonboden so abmindert, dass die Pampelmuse nicht zerplatzt. Dabei ist die Schale lediglich zwei bis drei Zentimeter dick. Wie kann es sein, dass dies ausreicht, um 90 Prozent der Bewegungsenergie aufzunehmen, fragten sich die Forscher. Wissenschaftler der Technischen Hochschule in Aachen entwickelten aus dieser Frage heraus einen speziellen energieschluckenden Metallschaum, der in einer Feingusstechnik hergestellt wird und bei geringstem Gewicht ausgezeichnete Dämpfungseigenschaften besitzt. Es kommt also nicht auf das Volumen, sondern viel mehr auf die Zusammensetzung eines Stoffes an. Bionik zielt in diesem Sinne auf eine von der Natur angeregte Neuentwicklung von Dingen ab, nicht auf ein Kopieren von natürlichen Prozessen.

»Out of box« meint, kreativ anders und weiter zu denken. Es ist zum Beispiel die Fähigkeit, eine Klette nicht ärgerlich, sondern interessiert zu betrachten, eine Streichholzschachtel zum Kerzenständer umzufunktionieren und über das bisher Gedachte hinaus weiterzudenken. Wer es lernt, Dinge in einem neuen Zusammenhang zu sehen, der wird es schaffen, auch komplexe Probleme der Zukunft gemeinsam mit anderen zu bewältigen. Ken Robinson formuliert es so: »Denn das Einzige, was wir über die Zukunft wissen, ist, dass sie anders sein wird als die Gegenwart. Um diese Herausforderung zu meistern, brauchen wir eine völlig neue Einstellung zu den Ressourcen, über die wir verfügen, und zu der Art und Weise, wie wir sie entwickeln.«[3] Eine solche Ressource ist zum Beispiel das innovative und kreative Denken. Wir haben geforscht, ob und wie man selbst diesen kostbaren »Rohstoff« Innovation im eigenen Leben fördern kann.

Gute Ideen sind kein Zufall

Dies ist der Untertitel eines lesenswerten Buches über Innovation von Kognitionspsychologe Christoph Burkhardt. Er möchte das Querdenken kultivieren und ist selbst ein gutes Beispiel dafür. Der sympathische junge Mann macht eher den Eindruck, als würde er meistens mit der Gitarre am Strand von San Francisco sitzen und über das Leben philosophieren. Dabei arbeitet er an seiner Doktorarbeit in München, jettet zwischen Amerika und Deutschland hin und her und berät Unternehmen bei kreativen Innovationsprozessen. Als wir ihn in München treffen, fragen wir ihn danach, was einen Querdenker ausmacht und was innovatives Denken aus seiner Sicht bedeutet.
Querdenken bedeutet für Burkhardt, nie bei der erstbesten Idee die Suche abzubrechen, sondern kontinuierlich nach den bestmöglichen Ideen zu suchen. Außerdem meint er, man müsse das eigene Denken beständig hinterfragen. Vor allem aber braucht man den Mut, trotz der Angst den nächsten Schritt zu gehen. Er weiß, wovon er spricht, denn Christoph Burkhardt hat gerade das vertraute Münchner Umfeld aufgegeben, um im quirligen San Francisco zu leben und

sich von der Multi-Kulti-Gesellschaft und Vielfalt der Millionenstadt inspirieren zu lassen. Es kostet Mut, die Komfortzone zu verlassen, auch wenn San Francisco eher nach Sommer am Pazifikstrand klingt. Gerade der Kontakt mit unterschiedlichen Kulturen ist ein Faktor, der nachweislich die menschliche Kreativität beeinflusst und den Burkhardt für sich nutzen will.

2009 forschten William Maddux und Adam Galinsky zu diesem Aspekt. In einem Experiment legten sie Studierenden das berühmte Duncker-Kerzenproblem zur Lösung vor. Interessanterweise wurde es von Studenten, die längere Zeit im Ausland gelebt hatten, häufiger erfolgreich gelöst. Der Zusammenhang zwischen interkulturellen Erfahrungen und höherer Kreativität war eindeutig. So schlussfolgerten die Forscher, dass die Anpassungen an Kultur, Sprache, Denken, die bei einem längeren Auslandsaufenthalt erforderlich sind, zu einer nachfolgend kreativeren Denkweise oder innovativeren Handlungen führen.

Wer es lernt, Dinge in einem neuen Zusammenhang zu sehen, der wird es schaffen, auch komplexe Probleme der Zukunft gemeinsam mit anderen zu bewältigen.

Querdenker gehen genauso viel Risiko ein, dass sie nach dem Scheitern auch wieder aufstehen können. Sie genießen es sogar, wenn Ideen mal keinen Sinn ergeben, und sie haben kein Problem mit dem Chaos, sondern wissen dessen Chancen zu nutzen. So die Meinung des Innovationsforschers Burkhardt. Heißt das nun, die kreativen Querdenker sind einzelne Sonderlinge, die ein besonderes Talent für originelle Denkwege in die Wiege gelegt bekommen haben? Dem widersprechen alle Forschungen.

Die gute Nachricht ist, dass kreatives Denken keine Hochbegabung Einzelner ist, sondern in jedem von uns schlummert. Unser Gehirn arbeitet in ähnlichen Denkstrukturen. Wir können lernen, bestimmte Denkweisen zu beherrschen oder zu umgehen. Auch wenn kreatives Denken ganz schön herausfordernd ist, denn man riskiert ausgelacht

oder belächelt zu werden. Selten sieht man einer wirklich innovativen Idee das Potenzial sofort an.
Es gibt etliche Forschungen, die sich mit der Frage beschäftigen, was unsere Kreativität fördert.[4] Wir sind dabei auf überraschend viele Bezüge zur Natur gestoßen.

Natürlich kreativ

Sicher haben Sie selbst auch schon die Erfahrung gemacht, dass Sie sich nach einem anstrengenden Gespräch am besten vor der Haustür oder Bürotür entspannen. Vielleicht klärten sich Ihre kreisenden Gedanken auf dem Fußweg zum Bus oder auf dem Fahrrad, auf jeden Fall unter freiem Himmel, den Wind um die Nase, die Sonne auf dem Gesicht. Wer kreativ denken möchte, der braucht unbedingt den Wechsel. Es kommt darauf an, andere Umgebungen zu erfahren, andere Bewegungsabläufe zu haben und die Sinne ganz vielfältig anzusprechen. Die Natur bietet uns dafür eine Fülle von Veränderung. Nichts ist dort immer gleich – und wenn es das Wetter ist. Veränderung gehört im Freien unmittelbar zum Basisprogramm. Der Anblick von grünen Bäumen, raschelnde Zweige oder das Blattwerk im Wald stimulieren unser Gehirn und entlasten es zugleich. Das haben japanische Wissenschaftler in einer groß angelegten, 2003 veröffentlichten Studie[5] bestätigt. Sie führten in 14 Waldgebieten an 168 Versuchspersonen ihre Studien durch und verglichen die Ergebnisse mit Vergleichsgruppen, die in Stadtgebieten unterwegs waren. Die Teilnehmer und Teilnehmerinnen der Waldgruppen berichteten, dass sich ihre Stimmung verbesserte, sie klarer denken konnten und sich psychisch belastbarer fühlten. Ihre Vitalität stieg deutlich an, sodass sie nach dem Waldaufenthalt weniger erschöpft waren. Offensichtlich wirken die Wälder besonders über die Sinne auf unsere Psyche ein. Allein die Farbe Grün signalisiert Hoffnung, Leben und ist mit Natur verbunden. Die Farbpsychologie ordnet grüne Farbtöne eher der Steigerung von Kreativität zu, während Blau die Denkleistung allgemein stärkt. Parallel nehmen wir im Wald eine Menge Geräusche meist unterschwellig auf. Vögel zwitschern, Käfer surren, Baumwipfel rauschen, Blätter rascheln leise und Wasser gurgelt oder plätschert vor sich hin. Selbst der Geruchssinn wird bedient. Am intensivsten riecht ein Wald nach einem Regenschauer oder im Frühjahr, wenn Bäume blühen und das Blattwerk explosionsartig wächst. Aber auch das Licht im Wald ist immer wieder faszinierend. Gerade im Herbst wirkt das klare, intensive Licht des Spätsommers spektakulär. Um die Umgebung mit allen Sinnen wahrzunehmen, muss der Besucher entsprechend achtsam und empfänglich für diese Eindrücke sein. Doch selbst im Unbewussten wirkt Natur klärend, anregend und beruhigend zugleich. Sachbuchautor Clemens Arvay bringt es so auf den Punkt: »Die Natur ist voll von ästhetischen Reizen, Geräuschen und Gerüchen, die in unseren Köpfen die neurobiologischen Grundlagen schaffen, um uns wohlzufühlen und uns zu entspannen.«[6]

Ruth Ann und Paul Atchley, Psychologen der Universität von Kansas, und ihr Kollege David L. Strayer von der Universität Salt Lake City wollten herausfinden, ob es nur ein Gefühl oder eine Tatsache ist, dass Menschen nach einem Aufenthalt in der Natur innovativer denken können. Sie waren mit einigen Versuchsgruppen wandern. Dafür gibt es ja in den USA herrliche Gegenden: Alaska, Maine, Colorado. Die Testpersonen bekamen lediglich die Aufgabe, einen Remote Associates Test mit jeweils zehn Aufgaben durchzuführen. Das sind Tests, in denen man Wörter und deren Bedeutung assoziieren muss. Also so vielleicht: Welches Wort passt zu Pech, Nacht und Humor? Hier wäre »schwarz« die richtige Antwort. Wort-Assoziations-Tests werden häufig zur Erforschung des kreativen Denkens eingesetzt, nur hatte bisher noch kein Forscher einen solchen Test in Kombination mit dem Aufenthalt in der Natur angewandt.

Die Vergleichsgruppe, die den Test vor Beginn der Wanderung durchführte, hatte eine um 50 Prozent niedrigere Erfolgsquote bei der Lösung der Testaufgaben. Ganz offensichtlich brachte die natürliche Umgebung einen Vorteil für das problemlösende Denken der Teilnehmenden mit sich. Das bedeutet, dass sich in der freien Natur der Teil unseres Gehirnes, der für die punktuelle Konzentration zuständig ist, offensichtlich wie von allein erholt und deutlich bessere Leistungen erbringen kann. Die Forscher gehen davon aus, dass unser Gehirn wie ein Muskel reagiert, der durch die vielfältigen Störungen und parallelen Einflüsse ermüdet. Schon kurze Aufenthalte in der Weite der Natur führen zu deutlicher Entspannung im Gehirn. Allerdings muss man hinzufügen, dass die Teilnehmenden darüber hinaus an diesen vier Tagen ohne elektronische Geräte unterwegs waren. Mit Sicherheit kommt hier der Mono-Tasking-Effekt hinzu. Die Versuchsteilnehmer waren offline. Sie konnten weder E-Mails auf dem Rechner checken noch die Mailbox abhören, und es gab auch keine Signaltöne für eingehende Whatsapp- oder Facebook-Nachrichten. Allein ein Ausstieg aus dem Multitasking verbunden mit dem Wundermittel Bewegung ist eine bekannte Möglichkeit, dem Gehirn wieder mehr Raum zum kreativen Denken zu geben.

Viele Künstler sind sich dessen bewusst, dass das Draußensein die Kreativität fördert. Gezielt suchen sie sich daher Plätze zum Malen, Dichten oder Denken im Freien. Der Maler Caspar David Friedrich zum Beispiel ging tageweise hinaus in die Schluchten und Wälder des Elbsandsteingebirges vor den Toren von Dresden. Dort gibt es geheimnisvolle, düstere Hohlwege, beachtliche Sandsteinformationen mit offenen Felsüberhängen und weitläufige Wälder. Heute ist diese Gegend als Nationalpark Sächsische Schweiz unter Naturschutz gestellt. Caspar David Friedrich, der Künstler, verließ bewusst die Stadt, um inspiriert von der unmittelbaren Natur seine Skizzen anzufertigen. Vielleicht haben seine Gemälde deshalb bis heute eine große Ausstrahlung und Direktheit, welche die Menschen in ihren Bann zieht.

Wie Sie sehen, können wir die Kreativität gezielt anregen und eine förderliche Umgebung dafür schaffen. Aber es ist eher schwierig, sie zu einem bestimmten Termin auf den Punkt zu bringen.

Kreative Augenblicke stellen sich nämlich am häufigsten ungeplant und unerwartet ein. Unter der warmen Dusche, beim Tagträumen während einer Sitzung oder beim Anblick einer weiten Landschaft tauchen oft Gedanken auf, die in uns geschlummert haben. Selbst buntes Treiben im Café, Musik oder das gedämpfte Gespräch von Menschen kann motivierend sein, sofern wir es als entspannend empfinden. Genau dies ist der Modus, in dem wir kreativ werden können. Firmen wie beispielsweise Google haben dies gewinnbringend für sich umgesetzt, in dem sie ihren Entwicklern einen Tag in der Woche Auszeit zum Tüfteln geben. Wer kreativ denken soll, der kann das nicht auf Knopfdruck und selten in einer sterilen Büroatmosphäre oder in einem kahlen Seminarraum tun.
Wir brauchen zum Beispiel eine anregende Umgebung unter freiem Himmel, das bunt-chaotische Zimmer daheim, das Café und den Laptop auf dem Bistrotisch – auf jeden Fall aber einen Ortswechsel, damit das Gehirn auf kreative Touren kommt und neue Denkwege einschlägt. Google stellte fest, dass 20 Prozent aller neuen Produkte in genau dieser »Freispielzeit« für Tüftler entstanden sind – also förmlich nebenher. Da fragt man sich doch, weshalb immer noch so viele Teams in klimatisierten Büros zusammensitzen, sich über Ideen den Kopf zerbrechen und mühsam nach innovativen Wegen für ihr Unternehmen suchen.

Zum Selberleber und Querdenker werden

Wir haben Ihnen davon berichtet, wie interessiert Wissenschaftler und Unternehmen am Thema Innovation und Kreativität dran sind. Aber was können Sie damit für Ihr Leben anfangen? Raus aus der Box setzt ja voraus, dass man neugierig auf etwas Neues ist, dass man den Mut hat, den Weg zu verlassen, wenn dieser im Kreis herumführt oder in einer Sackgasse zu enden droht. Was also ist die »Box« in Ihrem Leben?

Ist es der immer gleiche Ablauf, den wir als Alltag oder Routine bezeichnen? Sind es Beziehungen in Partnerschaft oder Großfamilie, die Ihnen die Luft zum Atmen nehmen, Sie festhalten und einschränken? Ist es eine Arbeit, die nur noch dem Geldverdienen geschuldet ist, oder ist es der standardisierte Lebenslauf, in dem Sie so wie alle ringsum auf die Rente zuleben? Wenn wir das Leben nicht ändern, dann wird es uns ändern. Also beginnen Sie, etwas zu verändern. Probieren Sie es wenigstens aus. Man lernt daraus.

»Ich schulde dem Leben das Leuchten in meinen Augen.«
MICHAEL VOIGT

Ich hatte vor Jahren die Vision, keine Dienstbesprechungen im muffigen Büro mehr zu machen. Also verkündete ich die innovative Idee, ab sofort gebe es keine Sitzungen, sondern nur noch »Gehungen«. Der kleine Park in der Nähe des Büros war wie geschaffen dafür. Doch nicht dafür geschaffen war mein Mitarbeiter. Er konnte mit dem Frei-Raum nicht gut umgehen, fühlte sich unwohl außerhalb des strukturierten Büros und ohne seinen Computer. Nach drei »Gehungen« gab ich nach und beschloss, dass man manche Dinge nur allein machen kann, nicht aber mit anderen, die diesen Wert nicht sehen.

Es kommt darauf an, die Balance zwischen Alleingang und Verbundenheit mit anderen zu finden. Querdenker schwimmen nun mal nicht mit dem Strom. Das ist mitunter mühsam. Doch sie gelangen zur Quelle, die ihnen Lebenskraft gibt.

Unsere Erfahrung ist es, dass sich die großen Entscheidungen unseres Lebens am besten draußen in der Natur diskutieren und auch entscheiden lassen. Kostprobe gewünscht? Den Hochzeitsantrag bekam ich am Fluss auf einer Wiese gestellt. Die Entscheidung für unser gemeinsames Studium fiel im Stadtwald von Ludwigsburg. Der Entschluss, ein Sabbatjahr zu machen, fiel im Tiergarten in Berlin und wir haben ihn nochmals auf dem 1290 Meter hohen Monte Subasio hoch über Assisi für uns bestätigt. Die Vision, Vorträge zu Lebensstärke und Selbstführung zu halten und als Autoren und Vortragsredner zu arbeiten, entstand auf dem kanadischen Bergmassiv des Trophy Mountain. Immer wieder zieht es uns hinaus an den See, auf den Berg, ans Meer, wenn wir unser Leben reflektieren und wenn Entscheidungen anstehen.

Leben ist begrenzt und genau das macht es so kostbar. Wir wollen nicht auf später warten, sondern jeden Tag neu nach dem suchen, was unsere Augen dankbar aufleuchten oder vor Neugier und Abenteuerlust funkeln lässt.

Wann funkeln Ihre Augen?

Selber zu denken ist der Weg aus der Mainstream-Falle und die Natur ist in ihrer faszinierenden Vielfalt ein wertvolles Umfeld dafür. Dort lernen wir, mit Widersprüchen umzugehen, zu erkennen, dass sich ein Organismus ständig verändern muss, um zu bleiben, und dass wir nicht allein auf der Welt sind, wie die Berliner Philosophin Natalie Knapp es formuliert. »Kein anderes System ist so lange und so vielfältig erprobt wie die Natur. Sie zu erforschen, zu beobachten und Analogien zu bilden, birgt daher die größten Chancen, um für unsere eigene Lebensgestaltung Anregungen zu finden. (...) Denn wir dürfen nicht vergessen, dass unser Leben nicht getrennt verläuft von den großen Zyklen der Natur, sondern aufs Engste damit verwoben ist.«[7] Dabei ist es existenziell, die Möglichkeiten zu sehen und zu nutzen, die man selbst zur Verfügung hat. Dies ist der erste Schritt, um zum Selberdenker zu werden. Es zählt nicht, was »man« tut und sagt, sondern was Sie selbst für wahr und sinnvoll halten. Ängstliche Menschen warten, dass ihre Erwartungen erfüllt werden. Querdenker wissen, dass sie verantwortlich sind für ihr Denken, Handeln und Fühlen. Sie suchen nach den Freiräumen, die sie gestalten können. Dafür brauchen sie aber nicht nur Wissen, sondern auch Intuition. Beides macht uns reich und beides ist für kreatives Denken von Bedeutung. Intuition hat viel mit dem unbewussten Wissen und mit der Vielfalt von menschlichen Erfahrungen zu tun. Wer allerdings nur auf seinen Bauch hört, der steht in der Gefahr, Dinge verzerrt und einseitig wahrzunehmen. Eine gute Mischung aus Intuition

und angewandtem Wissen stellt sich ein, wenn jemand längere Zeit auf sich selbst gestellt ist. Fernreisende, Mönche, Pilgerinnen oder Auszeitnehmende berichten immer wieder von einem Wachstum an intuitivem Wissen und daraus folgend von guten Entscheidungen und sie haben dadurch ein gestärktes Selbstvertrauen gewonnen.
Gerade erst kam unser Sohn von einer fünfmonatigen Fahrradtour zurück. Er fuhr gemeinsam mit einem Freund von Peking aus über zentralasiatische Länder wie Kirgistan, Kasachstan, Usbekistan, Turkmenistan in den Iran und weiter nach Europa. Viele Herausforderungen und Schwierigkeiten mussten die beiden unterwegs bewältigen. Dabei haben sie erlebt, wie das Vertrauen in die eigene Intuition und das Gefühl der Abhängigkeit, aber auch die Verbundenheit mit der Natur wuchs. Sie lernten es neu, Zeichen eines Wetterumschwungs frühzeitig zu beachten, fanden ihren Weg teils auch ohne menschliche Wegweiser, indem sie sich an Flussläufen oder Gebirgszügen orientierten, und erkannten, dass sie auf Menschen, Tiere, Pflanzen in einer Gegend achten müssen, wollen sie sich angemessen verhalten. Vor allem bei der Wahl ihrer Übernachtungsplätze lernten sie, ihrer Intuition zu vertrauen. Die Aussage der beiden Studenten nach 15.000 Kilometern durch Wüsten, Gebirge, verwirrende Großstädte und fremde Länder war: »Das kann jeder schaffen, der es wirklich will, vorausgesetzt er beachtet seine persönlichen Grenzen und Fähigkeiten, lässt sich Zeit und traut seiner Intuition!« Intuition lässt sich aber auch ohne Klosteraufenthalte und Pilger- oder Abenteuerreisen fördern, indem Sie zeitweise offline sind, Momente der Stille gezielt suchen, hin und wieder allein sind, sich bewusst entspannen und Naturaufenthalte als Kreativitätsquelle nutzen.

Kreative Selberleber sind solche, die es verstehen, glückliche Zufälle zu bemerken und für sich zu nutzen.

Strategisch beginnt das »out of box«-Denken immer mit Fragen, die Sie für sich im Herzen bewegen: Wofür lebe ich? Was will ich bewegen? Was würde ich bedauern, nicht gelebt zu haben? Nur wenn diese Fragen in Ihnen brennen und wenn Sie ernsthaft eine Antwort darauf suchen, haben Sie die Kraft, Ihre Alltagsbox, die ungeliebte Tätigkeit, die unbefriedigende Beziehung, das eintönige Alltagsgrau zu verlassen.

Kreative Selberleber sind solche, die es verstehen, glückliche Zufälle zu bemerken und für sich zu nutzen. Ihr größter Erfolg ist ein erfülltes Leben, von dem sie sagen können: Ich habe mein Leben wirklich gelebt!

Und dafür nehmen die kreativen Querdenker auch Nachteile in Kauf: die Mühe des eigenen Weges ohne den Windschatten von anderen und die Gefahr, Fehler zu machen. Erich Fromm hat schon darauf hingewiesen: »Kreativität erfordert den Mut, Sicherheiten loszulassen.« Jeder, der so einen eigenen Weg für sich geht, wird einen Schatz dabei heben. Es ist die Glaubwürdigkeit vor sich und anderen und es ist der geweitete, innere Denkhorizont, der sogenannte »Growth Mindset«. Wer denkt, seine Möglichkeiten und sein Intellekt sind festgelegt, der wertet Fehler als einen Beweis, dass er sowieso nichts kann. Er gibt auf und verdirbt sich selbst das Erfolgserlebnis. Wer dagegen an seine eigenen Entwicklungsmöglichkeiten und persönlichen Lernmöglichkeiten glaubt, der wird Fehler anders bewerten. Fehler sind dann nur eine weitere Möglichkeit, dazuzulernen.

Die Kunst des Lebens wird uns ebenso wenig gelehrt wie die Lust am kreativen Andersdenken. Beides bleibt eine Lebensaufgabe. Die folgenden »Coaching to go«-Impulse wie auch das Interview mit den Gründerinnen der Hamburger Lebensschule »modern life school« ermutigen Sie, sich dieser Aufgabe zu stellen.

Coaching to go

Vorbereitet sein

Bekanntlich kommen kreative Ideen oft auf Spaziergängen und meist haben Sie ausgerechnet dann keine Möglichkeit, etwas zu notieren. Sorgen Sie einfach vor und kaufen Sie sich ein kleines Notizbuch. Ich habe eines. Da steht »GUTE IDEEN« in Prägeschrift drauf. Es ist ein Schatzbüchlein für unterwegs für alle Fälle.
Wer es nicht so haptisch braucht, der nimmt die Diktierfunktion seines Smartphones. Doch Achtung, es ist tückisch, das Smartphone mitzunehmen, sofern nicht der Flugmodus eingestellt ist. Sonst graben Sie sich selbst die »Allezeiterreichbar-Falle«.

Lernen Sie die Kunst, draußen mal allein zu sein

Suchen Sie ab und zu einen Ort in der Natur auf, an dem Sie allein sind und das Alleinsein dort auch genießen können. Schotten Sie sich bewusst ab vom Lärm und den Einflüssen Ihrer Umwelt. Was Sie dabei gewinnen, ist Hörvermögen.
Sie werden die eigene Stimme wieder hören können und wissen, ob Sie selbst »raus aus der Box« müssen oder ob Sie dankbar für die Geborgenheit und Sicherheit Ihres Lebens sein können.
Fazit: Querdenker und Selberleber brauchen den Zugang zu ihrer eigenen Stimme.

Wählen Sie sich einen kreativen Zuspruch

Schreiben Sie Ihren Lieblingsspruch, der Sie ermutigt, Ihren eigenen Weg zu denken und zu leben, mit einem Kreidestift gut lesbar ans Fenster. So haben Sie die Inspiration täglich sichtbar vor Augen und können sich daran orientieren.

Hier einige Beispiele:
»Ich schulde dem Leben das Funkeln in meinen Augen!«
»Wenn ich mein Leben nicht ändere, wird das Leben mich ändern.«
»Es braucht gewöhnliche Menschen, um außergewöhnliche Dinge zu tun.«

Nichtstun macht kreativ

Unser Gehirn regeneriert seine Aufmerksamkeit durch Phasen des Nichtstuns. Nehmen Sie diese Tatsache als Erlaubnis. Ja, Sie dürfen bewusst mal nichts, aber auch gar nichts tun. Also anders ausgedrückt: Schaffen Sie sich ein Zeitfenster, in dem Sie ungestört sind, und üben Sie es, das Lassen zu tun!
Beginnen Sie mit schlichten fünf Minuten, in denen Sie Ihre Umgebung wahrnehmen oder die Augen schließen und auf den Rhythmus Ihres Atems achten. Wem das im Haus schwerfällt, dem empfehlen wir: Gehen Sie einfach raus! Da reicht schon eine Bank im Grünen oder ein Bistrotisch vor einem schönen Café.

Eigensinn wagen

GESPRÄCH MIT GABY BOHLE UND PIA SCHAF

Wie geht das mit dem guten Leben? Woher kommt die menschliche Sehnsucht nach Wildnis? Ist Weisheit das Gleiche wie Klugheit und wie hängen Erfolg und Erfüllung zusammen? Wir waren interessiert an solchen philosophisch-praktischen Lebensfragen, doch wollte keiner von uns die alten Philosophie-Wälzer lesen. Da machte uns ein Freund auf die Angebote der Londoner »The School of Life« des Philosophen und Bestsellerautors Alain de Botton aufmerksam. Die Philosophie raus aus dem verstaubten oder akademischen Lehrstübchen und mitten hinein ins Leben zu holen, das war de Bottons innovativer Ansatz. Die Idee erwies sich als Volltreffer im Zeitgeist unserer Wissensgesellschaft. Die Kurse der »The School of Life« sind meist ausgebucht. Doch London ist weit weg. Also forschten wir, ob es so etwas auch in Deutschland gibt und wurden fündig – im szenischen Hamburger Innenstadtviertel. Dort bieten die Inhaberinnen der einzigen deutschen philosophischen »Schule des Lebens«, der »modern life school«, nicht nur Denken, Lachen, Philosophieren, Lesen, Entdecken, Genießen, Staunen, Zweifeln, Begegnen, Spielen, Träumen. Sie bieten Ideen fürs Leben!

Pia Schaf und Gaby Bohle sind kritische Menschen. Sie haben es gelernt, querzudenken und klug zu hinterfragen. Ihre große Leidenschaft ist es, andere Menschen auf diesem Weg zu unterstützen. Dafür laden sie interessante Persönlichkeiten, zeitgenössische Philosophen und Autoren als »schoolmaster« für Seminare oder Vorträge ein, bieten ausgewählte Literatur, Gespräche und Vernetzung in den Räumen der

Lebensschule an. Sie haben die Eigensinn-Suche zu ihrer Lebensmitte gemacht, persönlich, aber auch ökonomisch, und das ist mit Sicherheit ein sinnerfülltes, wenn auch kein einfaches Unterfangen. Die beiden Frauen fühlen sich dennoch genau am richtigen Platz. Sie machen die geschmackvollen Räume der »modern life school« zu einem Ort des guten Lebens. Nach unserem Vortrag in der Lebensschule saßen wir noch bis weit in die Nacht mit den Inhaberinnen und einigen Gästen zusammen. Es war ein bereichernder »out of box«-Abend, auch wenn er indoor stattfand. Wir freuen uns, dass sich die beiden Vor- und Querdenkerinnen Zeit für unsere Fragen genommen haben und dass ihre Antworten zum kreativen Weiterdenken verlocken.

Welche »Box« haben Sie jeweils verlassen, als Sie sich entschlossen, die »modern life school« zu gründen?

GABY BOHLE: Wir haben uns jeweils getraut, die Box des Konsumdenkens und des gesellschaftlichen Status zu verlassen. Als Chefin einer Werbeagentur war ich sozial verortet. Als Gründerin einer »Lebensschule«, die es bis dahin in Deutschland nicht gab, bist du raus aus der sozialen Box. Das ist schon herausfordernd und braucht Mut.

PIA SCHAF: Keiner kann mehr einschätzen, was du wirklich tust und wovon du lebst. Das schafft Unsicherheit in der Beziehung zu Familie und Freunden. Wir haben diese in Kauf genommen, um unseren Traum von einem sinnerfüllten, wirksamen Arbeitsleben zu verwirklichen. Außerdem haben wir massiv die eigene Perspektive gewechselt. Ich würde es für mich so formulieren: Ich habe eine Sinnfrage gestellt und versuche heute, die Menschen zum Denken zu verführen, nicht zum Kaufen.

Sie laden als »schoolmaster« bekannte Persönlichkeiten, aber auch zeitgenössische Philosophen ein. Welche dieser Personen bezeichnen Sie als kreativen Querdenker und was können wir von ihm oder ihr lernen?

PIA SCHAF: Für mich ist es Natalie Knapp, eine junge Philosophin und Autorin aus Berlin. Ihre Gedanken über die Kraft der Übergänge und die ganzheitlichen Lösungsstrategien der Natur finde ich extrem inspirierend. Natalie Knapp denkt weiter. Sie fragt beispielsweise danach, wie Übergänge im Leben, aber auch in der Natur kreative Freiräume schaffen, in denen alte Regeln nicht mehr gelten und in denen die Tore zum Wesentlichen weit offen stehen. Von ihr kann ich neu lernen, dass wir uns als Weltgemeinschaft aus dem langjährig geprägten individuellen Egoismus heraus und hin zu einem Wir-Bewusstsein öffnen müssen.
GABY BOHLE: Und genau das macht das kreative Denken aus. Wir laden Menschen ein, die etwas hinterfragen, von dem alle glauben, es wäre eine klare Sache. Zum Beispiel der Philosoph und Biologe Dr. Andreas Weber. Er fragt als Philosoph nach dem Zusammenhang alles Lebendigen und dann sucht er ganz unesoterisch als Biologe nach Antworten auf der biochemischen Seite, die er in die Diskussion einbringt. Ein bereichernder Denker, der uns auf neue geistige Wege lockt. Von solchen Menschen können wir lernen, denn an ihrer Seite kann man sich angstfrei und offen den kritischen Themen der Zukunft des Menschen stellen und konstruktive Ansätze zum Handeln entdecken.

Was sind das für Menschen, die an den Vorträgen und Kursen der »modern life school« teilnehmen, und was können diese aus den Abenden mitnehmen?

Wir beobachten drei Kategorien von Gästen. Erstens Menschen, die gerne philosophieren, denken und darüber mit anderen reden. Zweitens Menschen, die auf der Suche sind. Sie haben aktuell ein Lebensthema, zu dem sie sich Antworten erhoffen. Manche sind dann frustriert, wenn es bei uns keine einfachen oder fertigen Antworten gibt, sondern das Selberdenken angeregt wird. Die dritte Gruppe sind Gäste, die sich von der Atmosphäre der »modern life school« locken lassen. Sie mögen es, in einem innovativ-trendigen, tiefsinnigen und

gleichzeitig persönlich-wertvollen Umfeld zu sein. Generell mögen wir an unseren Gästen, dass sie ähnlich wie Kinder die Welt voller Neugier hinterfragen. Es ist ein Freiraum zum Denken, den die Gäste nutzen und sich Anstöße für ihr Leben mitnehmen.
Manche suchten Antworten und beginnen jetzt, Fragen zu stellen. Andere finden Inspiration und Lebenskunst.

Man sagt, die Philosophie sei eine Beschäftigung, die uns durch Gespräche und Überlegungen zu einem glücklichen Leben anleitet. Wie hat sich die Beschäftigung mit den philosophischen Querdenkern in der »modern life school« auf Ihr Leben ausgewirkt?

GABY BOHLE: Für mich geht es um das Selberdenken, weniger ums Querdenken. Kurz gesagt, ich glaube nicht alles, was ich denke. Ich bin fragender, tief-sinniger und mutiger geworden, nicht unbedingt glücklicher. Je mehr man weiß, desto komplizierter wird das Leben mitunter.

PIA SCHAF: Früher habe ich beispielsweise im Wald den Geruch von frisch geschlagenem Holz gemocht. Aktuell denke ich dabei an das Blut von Bäumen. Vielleicht etwas drastisch, aber es ist die Folge, wenn man sich tiefer mit dem Zusammenhang von tierischem und menschlichem Leben beschäftigt. Die Umwelt wird zur Mitwelt. Du erkennst, dass der Mensch seine Würde verliert, wenn er unwürdig mit anderen Menschen, aber auch mit der Natur umgeht. Die Begegnung mit Gästen und mit interessanten Philosophen oder Autoren weitet meinen Horizont. Ich lebe so intensiv es geht, aber es ist dabei auch herausfordernd, dies in einer Weise zu tun, die uns jeweils einen Lebensunterhalt ermöglicht. Für jede von uns ist die Umsetzung dieser Lebensschule mehr als ein Geschäftsmodell. Es ist unser Herzensanliegen. Wer so etwas umsetzt, der verbindet Beruf und Berufung – das gibt neben viel Arbeit eine tiefe Befriedigung.

Es ist anstrengend, kreativ, anders als üblich und selbst zu denken. Es fordert heraus, sich weder von der Meinung der Menge noch von

Schwierigkeiten abhalten zu lassen. Haben Sie eine Empfehlung für Menschen, die sich auf diesen eigenen Weg wagen?

PIA SCHAF: Frage dich immer wieder, ob du weißt, was für dich selbst wesentlich und kraftspendend ist. Dann bleibe so dicht wie möglich an diesen Erkenntnissen dran. Achtsam und dankbar zu leben hilft dabei, den eigenen Weg kraftvoll zu gehen. Für uns ist noch dazu Gott- oder Urvertrauen eine enorme Kraftquelle, um auch Zeiten zu bestehen, in denen du dich als »Selberdenker« einsam fühlst. Meine Erfahrung ist, dass man dabei stärker und kreativer wird. Kreatives Denken ist gar nicht so anstrengend. Man kann sich darin üben! Um es mit Picasso zu sagen, auf diese Weise lerne ich: Wenn ich kein Rot habe, nehme ich einfach Blau!

Wie entstehen bei Ihnen die kreativen Gedanken, die Sie für die »modern life school« und Ihr Leben brauchen?

PIA SCHAF: Design, Schönheit, die Nähe von Tieren – es gibt vieles, was mich kreativ anregt. Ich brauche eine Mischung von Natur und Menschen. Für mich sind gute Gespräche genauso anregend wie der Spaziergang mit dem Hund in der Natur. Dann bin ich eher kreativ.

GABY BOHLE: Ich wohne mitten im Wald. Für mich ist Natur eine enorme Quelle der Inspiration. Wichtig ist, dass ich mir den Freiraum schaffe, neue Ideen zu entwickeln und diese dann auch umzusetzen. Wenn ich draußen schreiben und fotografieren kann, bin ich glücklich. Als Gestalterin halte ich immer die Augen auf. Jederzeit nehme ich Dinge und Zwischenmenschliches auf. Ob im Wald, in der Stadt, im Buchladen oder im Baumarkt. Wenn ich Bus fahre, esse oder wandern gehe. Gestalter fordern bestehende Strukturen heraus, sie suchen neue Antworten und überschreiten die Grenzen der Disziplin.

Ihr neuestes kreatives Projekt »drink & think« kombiniert das Vergnügen mit dem philosophischen Gespräch. Wie kommt man dazu, eine Weinedition mit dem Thema der Wildnis zu kombinieren?

GABY BOHLE: Hier kommen wieder zwei Leidenschaften zusammen:

denken und genießen. Das lässt sich prima mit dem Satz: »Hol den Wein, wir müssen über das Leben reden« zusammenfassen. Denken muss nicht immer schwer sein und manchmal geht es mit einem wohldosierten guten Weiß- oder Rotwein eben leichter, das wussten übrigens schon die alten Griechen. Uns geht es darum, mit Genuss zu bewegenden Themen zu philosophieren. Also haben wir spannende Themen wie Natur, Weisheit, Liebe, Heimat oder Freundschaft genommen, über die es sich lohnt, nach- und vorzudenken. Der Philosoph Dr. Andreas Weber beispielsweise sinniert über die Wildnis und stellt die These in den Raum, dass Wildnis in letzter Konsequenz bedeutet, sich auf die Wirklichkeit einzulassen. Eine Ethik der Wildnis würde dann auf »Achtsamkeit, Manieren und Stil« gründen. Sie legt Größenwahn, Gier oder die Illusion der Unverletzlichkeit ab. Zu jedem Thema suchten wir aus einem der 13 Weinanbaugebiete Deutschlands einen Winzer, der einen bestimmten Wein dazu geschmacklich passend bieten kann. Mir macht das Gesamtarrangement riesige Freude.

PIA SCHAF: Es fordert heraus, die Idee planerisch, gestalterisch und auch praktisch umzusetzen. Bei Wein, Wasser, Käse und Pesto nehmen die Gäste an einer langen Tafel Platz. Es gibt Gemeinschaft und philosophische Gespräche mit einem Einstiegsimpuls. Wir haben uns darüber hinaus anregende Fragen ausgedacht. An diesen Abenden wird quer-, vor allem aber selbst gedacht!

Pia Schaf und Gaby Bohle sind die Gründerinnen der »modern life school«. Fotografin Gaby Bohle ist Gestalterin und arbeitete konzeptionell. Pia Schaf, früher Chefin einer Werbeagentur, ist heute Philosophin und Schoolmaster der Lebensschule. Sie leben in Hamburg. www.modernlifeschool.org

KAPITEL 2

Raus aus der Zeitnot

Gönnen Sie sich Zeitwohlstand

Aus.Zeit!

Die Koffer sind verstaut. Das Auto voll beladen. Endlich raus, raus in den Urlaub. Seit Wochen haben wir auf diesen Moment zugelebt, uns in die Weite des schwedischen Nordens geträumt, uns nach der Freiheit vom Terminkalender gesehnt.
Wir sind in der Morgendämmerung gestartet, haben uns beim Fahren abgewechselt. Jetzt sitze ich am Steuer und ich fahre, wie ich die letzten Wochen gearbeitet habe: mit viel Tempo, links außen auf der Überholspur. Ich habe ja ein Ziel vor Augen. In Kiel wartet die Fähre auf uns.
Plötzlich ein greller Signalton. Die Warnlampen vor mir scheinen alle gleichzeitig zu leuchten. Entsetzt sehe ich, dass die Tankanzeige komplett auf Null steht. Es ist keine Zeit zu überlegen, wie das geschehen konnte. Ich weiß nur, ich muss sofort handeln, muss den Standstreifen erreichen, bevor das Auto manövrierunfähig ist.
Ein rascher Blick in den Seitenspiegel und dann schießen wir quer über drei Fahrspuren zwischen den Autos hindurch auf den äußeren Fahrbahnrand zu. Keine Sekunde zu spät. Die Servolenkung und der Bremskraftverstärker fallen aus. Ich habe gefühlt einen tonnenschweren, schwer lenkbaren Panzer zu fahren, der immer noch viel zu schnell ist. Zu schnell für die Ausfahrt, die gerade jetzt vor uns auftaucht. »Es wird uns aus der Kurve schleudern. Das Tempo ist viel zu hoch«, schießt es mir durch den Kopf.
Doch diese Ausfahrt führt parallel zur Autobahn eine Anhöhe hinauf und endet an einer Kreuzung mit Ampel. Wie durch ein Wunder kommt der Wagen genau dort endlich zum Stehen. Es ist totenstill im Auto. Zitternd nehme ich die Hände vom Lenkrad. Wie konnte das passieren, den Tank komplett leer zu fahren? Wieso habe ich die offensichtlichen Warnzeichen übersehen? Wo waren meine Gedanken, dass ich nichts davon wahrgenommen habe?
Dieses Erlebnis hat uns aufgerüttelt. Wie ist es um meine inneren Tanks, meine eigenen Kraftreserven bestellt, dass so etwas passieren

konnte? Habe ich auch hier Warnzeichen übersehen? Müsste ich selbst endlich Tankstellen anlaufen, Rastplätze nutzen, mir Pausen gönnen, das Tempo mal wechseln? Diese Fragen nach dem Umgang mit der Zeit, die wir zum Leben haben, begleiteten uns über den Urlaub hinaus. Sie haben zu der Einsicht geführt, dass wir uns beide eine Auszeit gönnen wollen. Wir können nicht immer nur geben. Wir müssen darauf achten, unsere Akkus zu füllen, wollen wir nicht in körperliche oder seelische Grenzbereiche der Erschöpfung geraten.
Dieser mahnende Gedanke und viele Recherchen zum Thema Auszeiten führten schließlich zu der Entscheidung, für ein Jahr den Zeittakt zu wechseln. Rhythmuswechsel ist zeitgemäß. Die Natur zeigt uns, wie das geht zwischen Jahreszeiten, monatlichen Rhythmen bis hin zum Wechsel von Tag und Nacht. Pausenlos aktiv zu sein schadet! Kleine oder große Pausen sorgen für Struktur, aber sie ermöglichen auch Flexibilität. »Zeit für mich« in den Kalender einzutragen, wenn man gezielt eine Stunde mit der Familie ganz privat sein möchte, das war uns zu wenig. Wir wollten für eine begrenzte Zeit raus aus festen Bezügen, raus aus vollen Terminkalendern, raus aus dem Tun und rein in die Zeitfülle, in die selbst verantwortete und gestaltete Zeit.

»Alt wie ein Baum möchte ich werden, genau wie der Dichter es beschreibt. Alt wie ein Baum mit einer Krone, die weit, weit, weit, weit, die weit über Felder zeigt. Alt wie ein Baum möchte ich werden mit Wurzeln, die nie ein Sturm bezwingt.«
SONGTEXT DER »PUHDYS«

Es war eine lange Planung und schwere Entscheidung, denn sie war mit Loslassen, mit dem Kündigen der Arbeitsstellen und dem Auflösen unseres Haushaltes verbunden. Wir wurden zu Sabbatical-Pionieren, die den Aufbruch mit einem radikalen Ausstieg verbanden zu einer Zeit, in der derartige Arbeitszeitmodelle noch nicht in ihrem Nutzwert erkannt und von Firmen unterstützt oder angeboten wurden. Doch wir hatten Vorbilder, Menschen, die ein Sabbatical gewagt hatten und die davon berichteten. Deren Kreativität, deren begeisterte Berichte über ein gesteigertes Wohlbefinden, deren vorwärtsgerichtetes Denken machten uns Mut, auch als Familie den Ausstieg auf Zeit zu wagen. Wir können eine Menge Dinge nach Uhr und Terminkalender planen, doch die individuell gelebte Zeit können wir nicht beliebig hin- und herschieben. Sie braucht einen zeitlichen Freiraum. Viele Zeitexperten halten sie für eine ganz außerordentlich wirkungsvolle körperliche und seelische Krafttankstelle. Hier wollten wir auftanken und im Bilde gesprochen Verantwortung übernehmen für die Langstrecke in unserem Leben.

Alt wie ein Baum – ein natürlicher Zugang zur Zeit

Im kargen Fulufjäll, einer gebirgigen Gegend der schwedischen Provinz Dalarna, steht der wohl älteste Baum der Welt. Forscher der schwedischen Universität Umeå schätzen das Alter der Fichte auf 9.550 Jahre. Wer jetzt glaubt, dort steht ein knorriger, mächtiger und dicker Baum, der irrt. Die fast unscheinbar anmutende Fichte wächst aus der alten Wurzel und aus dieser bildete sich wiederum eine Art Fichtengebüsch, das den Stamm umgibt. Fichten können sich durch Ableger fortpflanzen und so lebt der Baum seit Tausenden von Jahren fort. Das bedeutet, die neuen Triebe der letzten Jahrhunderte gehören als Teil des Ganzen zu dieser noch aktiven, lebendigen und uralten Baumwurzel. Es macht deutlich, wie wichtig die Wurzel für den Baum und sein Überleben ist. Hier werden Informationen gespeichert und chemische Aktivitäten gesteuert. Hier entscheidet sich Wachstum und Vergehen. Wer sich in der Natur umschaut, der begegnet einer faszinierenden Vielfalt von zeitlichen Rhythmen, aus der wir Analogien zu unserem menschlichen Umgang mit der Zeit ableiten.

In der Natur sehen wir, wie vergänglich und schnelllebig Leben ist. Auf der anderen Seite nehmen wir gerade in der Natur den unbändigen Willen von Pflanzen und Tieren wahr, die Zeit auszunutzen. Kaum sind

die Störche im Frühjahr zurückgekehrt, bessern sie schon ihr Nest aus, legen Eier und hüten die Brut, bis die jungen Vögel ihren Schnabel über den Nestrand strecken. Ein Kreislauf von Geburt und Vergehen, der nur einer von vielen zeitlichen Rhythmen des Lebens ist.
Alle Jahre wieder beobachten wir beeindruckt, wie die Gänse und Zugvögel im Herbst Richtung Süden aufbrechen, wie Laubbäume ihre Wasserzufuhr im Stamm drosseln, sich daraufhin sichtbar verfärben, schließlich die Blätter abwerfen und uns damit vor Augen führen, dass die Winterzeit vor der Tür steht. Sie bereiten sich auf eine herausfordernde Zeit mit Stürmen, Eis- und Schneelast vor. Ohne ihre Millionen Blätter sind die Bäume weniger windanfällig und die Last des Schnees verteilt sich auf die kahlen Äste, ohne die Bäume über die Maßen zu beschweren. Woher wissen die Bäume im Frühjahr, wann sie dem wärmeren Wetter trauen können und ihre jungen Triebe austreiben? Haben sie ein Zeitgefühl? Mit dieser Frage beschäftigt sich beispielsweise Förster Peter Wohlleben und kommt zur Aussage, dass das Neuaustreiben der Blätter nicht nur von den Temperaturen, sondern auch von der Tageslänge abhängt.[8] Vermutlich sind es die Knospen, die mit der Fähigkeit ausgestattet sind, das Licht sensibel wahrzunehmen. Der Förster, Naturliebhaber und Autor beschreibt sehr anschaulich, dass die lange Wachstumszeit beispielsweise bei den Buchen zu einem starken inneren Halt des Baumes und zu großer Festigkeit führt. Da fragen wir uns unwillkürlich, ob wir Menschen auch stabiler und widerstandsfähiger wären, wenn wir uns für manche Prozesse im Leben mehr Zeit lassen würden. Gerade im Blick auf Bildung oder auch Beziehungen scheint Schnelligkeit der Qualität nicht immer dienlich zu sein. Viele Dinge brauchen eine ganz eigene Zeit und die Natur zeigt uns, dass es sich lohnt, Prozessen ihren Lauf zu lassen, statt sie künstlich zu beschleunigen. Wer würde am Gras ziehen, damit es schneller wächst?
Sogar den Wert des Schlaf- bzw. Ruhe-Rhythmus kann man in der Natur ganz unmittelbar sehen. »Schlafentzug bei Bäumen hat eine ähnliche Wirkung wie bei uns Menschen: Er ist lebensgefährlich.«[9]

Das erklärt dann auch, weshalb man kleine Laubbäume nicht in Blumentöpfen in die Wohnung stellen kann. Sie sind dort selbst bei bester Behandlung förmlich im Dauerstress und gehen relativ schnell ein. Blumenzwiebeln ruhen am besten im dunklen und kühlen Keller. Der Winterschlaf vieler Tierarten und die Winterruhe der Pflanzen ist eine Zeitphase, in der das jeweilige Lebewesen neue Kräfte sammeln kann, um zur richtigen Zeit wieder zu sprossen, zu wachsen oder sich fortzupflanzen. Auch wir Menschen sind natürliche Wesen, die eine ganz eigene Körperzeit haben. Schlaf und Ruhepausen sind existenziell, um gesund zu bleiben. Wird der natürliche Rhythmus immer wieder unterbrochen oder ignoriert, stellen sich Krankheiten ein. Berufsgruppen mit Schichtdienst oder Menschen, die oft dem Wechsel der Zeitzonen verbunden mit einem Jetlag ausgesetzt sind, brauchen daher besondere Schutzzeiten oder Erholungsangebote.
Wir können unseren biologischen Rhythmus nicht verleugnen und so tun, als würde die Uhr alle Zeiten regeln. »Wir sollten die Naturzeiten und damit unsere eigene menschliche Natur der Körperzeiten im Zusammenspiel mit den kulturell entwickelten Zeiten achten.«[10] Dafür plädieren der Wirtschaftspsychologe Elmar Hatzelmann und der Ökonom Martin Held. Man könnte es auch mit den Worten des Dichters Fjodor Dostojewski auf den Punkt bringen: »Die gute Zeit fällt nicht vom Himmel, sondern wir schaffen sie selbst, sie liegt in unseren Herzen eingeschlossen.« Wie wir mit der Zeit umgehen, sagt demnach wenig über die Zeit, deutlich mehr aber über uns selbst und unsere eigene Zeitkompetenz aus.

Zeit – ein kostbares Gut

Viele Fragen mussten wir beantworten, als wir uns für das Sabbatjahr entschieden hatten: »Warum macht ihr das? Könnt ihr eure Sehnsucht nach der kanadischen Weite nicht im Urlaub leben? Weshalb setzt ihr alles auf eine Karte und gebt die gesicherte Existenz dafür auf?«

Manche der Fragen waren lästig, viele hilfreich. Am schönsten waren allerdings Fragen, die auf die Zukunft zielten, wie: »Worauf freut ihr euch am meisten?« Und wir erinnern uns beide noch heute daran, wie wir fast euphorisch sagten: »Wir freuen uns auf ein Meer an Zeit. Unverplante, freie Zeit. Zeit zum Leben.«

Heute im Abstand von fünf Jahren nach dem Sabbatjahr leben wir sehr bewusst so, dass wir uns auch zu Hause, im beruflichen Alltag, dort, wo wir gerade sind, diese unverplante, freie Zeit einräumen. Es ist alles unser Leben. Denn ganz offensichtlich liegt doch die gleiche Zeitspanne von 365 Tagen auch vor uns, wenn wir nicht in ein Sabbatjahr gehen. Wir bekommen jeden neuen Tag 24 Stunden, 1.440 Minuten, 86.400 Sekunden geschenkt, die uns alle zu Zeitkönigen machen. Jeden Morgen können wir von diesem Tageszeitkonto leben. Es ist ein Meer an Zeit! Doch nichts davon lässt sich aufsparen.

Niemand kann daraus selbst mit den effizientesten Methoden mehr Zeit machen. Das einzige, was wir beeinflussen können, ist, wie wir diese Zeit gestalten und ob dieses Meer an Sekunden ein Mehr an Lebensfreude, Lebensqualität und Sinnerfahrung beinhaltet.

Für uns fühlt es sich so an, als wäre die Zeit des Auszeitjahres in Kanada eine Zeit unseres Lebens, die doppelt zählt. Wir zehren immer noch von den Erlebnissen, die uns geprägt haben, von den Gesprächen, für die wir uns Zeit nehmen konnten, und dem Zusammenhalt der Familie, der sich dadurch verstärkt hat. Es war eine extrem reichhaltige Zeit und das hat weniger mit der Länge als mit der Intensität zu tun. Zeit ist wertvoller als Gold, diese Erkenntnis wurde für uns zu einem Maßstab im Umgang mit unserer Lebenszeit. Der folgende Text ist dort entstanden:

»Alles hat seine Zeit.«

BIBEL, BUCH PREDIGER, KAPITEL 3, VERS 1

Zeit ist wertvoller als Gold.
Du kannst sie weder kaufen noch verlängern noch ausdehnen.
Zeit ist gerecht verteiltes Gut.
Ein Tag hat 24 Stunden –
für jeden Menschen,
an jedem Ort.
Zeit ist ein Geschenk,
niemand kann sie sich verdienen.
Ob deine Zeit wertvoll ist, entscheidest du.
Du kannst sie füllen, gestalten, leben.
Du kannst sie aber auch verrinnen lassen,
totschlagen oder opfern.
Frei verfügbare, selbst gestaltete Zeit
ist einer der größten
Reichtümer unserer Tage.
Mach etwas Außergewöhnliches daraus:
Zeit zum Leben.

Bis zu unserer Sabbatzeit war vor allem Olaf mitunter ein Zeitfanatiker, der seine präzise Funkuhr nicht nur gerne trug, sondern auch seine Aktivitäten danach strukturierte. Als ob sie nur darauf gewartet hätte, gab diese teure Uhr ihren Dienst direkt auf dem Flug nach Vancouver auf. Seit damals liegt sie als symbolischer Erfahrungsgegenstand in einer Box mit Materialien, die wir gerne in Seminaren verwenden. Olaf lebt seither ohne Uhr und aus meiner Sicht ist aus dem Zeitfanatiker ein Zeitliebhaber geworden. Jemand, der Strukturen mag, die Zeit aber inzwischen eher im Blut hat oder notfalls am Stand der Sonne recht genau benennen kann. Ich dagegen habe ein zwiespältiges Verhältnis zur Zeit. Ich kann sie total aus dem Blick verlieren, wenn mich eine Aufgabe richtig fesselt. Beim Schreiben von Büchern geht mir das so und ich vergesse das Essen und Pausieren, würde mich nicht mein Co-Autor liebevoll mahnend daran erinnern. Auf der anderen Seite plane ich gerne und bin meistens auf die Minute bei einem Termin, allerdings auch nicht früher.

Welche Beziehung haben Sie zu Ihrer Zeit? Wie oft schauen Sie auf die Uhr? Wie bedeutsam ist Ihnen Pünktlichkeit? Warten Sie gelassen oder eher ungeduldig? Wie schnell reden, essen oder laufen Sie?

Dies alles ist einerseits kulturell geprägt, hängt aber auch von Ihrer persönlichen Lebenseinstellung ab. Wir können nicht beweisen, sondern nur vermuten, dass Menschen, die eher am Rand eines Dorfes oder in der Natur leben, einen gelasseneren Umgang mit der Zeit haben. Menschen in größeren Städten haben dagegen meistens ein flotteres Lauf- und Lebenstempo. Einer Studie der TU Chemnitz zufolge ist das Bewegungstempo nicht nur eine Frage des Alters und der persönlichen Fitness. Der Leiter der Studie fasst es so zusammen: »Wer depressiv gestimmt ist oder der Zukunft wenig Bedeutung beimisst, geht langsamer. Wer stets zu den Besten gehören will und sein persönliches Glück für das wichtigste hält, geht schneller. (...) Man könnte auch sagen, das Gehen spiegelt das allgemeine Lebenstempo wieder, in dem ein Mensch lebt und in dem er kulturell verankert is.t«[11]

Daraus können wir folgern, dass es bei der Zeit nicht nur um eine physikalische Größe geht, sondern dass die Art, wie wir mit Zeit umgehen und wie wir von ihr reden, darüber hinaus sehr viel mit uns persönlich zu tun hat. Es geht um dahinterliegende Werte und Einstellungen zum Leben.

Auf der Suche nach der Zeit

Zeit ist eine physikalische Größe, eine Einheit, welche die Abfolge von Ereignissen beschreibt und sie wird in Sekunden gemessen. Doch wir können auch philosophisch oder psychologisch fragen und dann bekommen wir ganz andere Antworten. Seit über 2.500 Jahren fragen Philosophen nach dem Wesen von Zeit. Platon spricht über Zeit als ein Abbild des Ewigen. Heraklit nennt die Zeit ein spielendes Kind. Zeit ist

Macht, denn wer über die Zeit eines anderen verfügt, der verfügt über ihn. Zeit ist eine begrenzte Ressource, etwas Unwiederbringliches, extrem kostbar, ein subjektives Empfinden, ein Maßstab für die Dauer. Zeit ist immer in Bewegung. Sie steht nie still. Zeit ist jedenfalls relativ. Das ist unbestritten, denn während der eine die fünf Minuten am Bahnhof bis zur Ankunft seiner Liebsten als unendlich lang empfindet, wird der andere, der gerade jemanden verabschiedet, die gleichen fünf Minuten als viel zu kurz erleben.
Kein technisches Gerät wird heute so häufig genutzt wie die Uhr, das Instrument zur Messung der Zeit. Da schließen wir Smartphones und Computer mit ein, denn in ihnen ist immer eine Uhr mit mehreren Funktionen enthalten. Uhren sind nicht nur an den Handgelenken, sondern in Küchenmaschinen, Waschmaschinen, Autos und vielen weiteren technischen Geräten zu finden. Man fragt sich, wie der Mensch all die vielen Jahrtausende ohne Uhr ausgekommen ist.
Von den Ägyptern weiß man, dass sie vor 3.400 Jahren Wasseruhren hatten. Diese besaßen ein kleines Loch im Boden und eine Markierung am Gefäß, sodass man anhand des Wasserstandes sah, wie viel Zeit vergangen ist. Auch Sonnenuhren sind aus alter Zeit bekannt, die den Lichttag in zwölf Stunden teilten. Jahrtausendelang orientierten sich Menschen an den Naturzeiten und -rhythmen. Der Stand von Sonne, Mond und Sternen, der Rhythmus von Tag und Nacht, sie bestimmten das Zeitempfinden der Menschen. Meist verabredeten sich die Menschen nicht nach der Zeit im Sinne einer bestimmten Stunde, sondern nach einem Ereignis, also zum Beispiel nach dem Melken der Ziegen oder vor dem Wasserholen am Brunnen. Sie orientierten sich am Stand der Sonne, des Mondes und an der Jahreszeit, die man in der Natur wahrnahm. Fragen Sie heute mal jemanden, ob er weiß, wann und wo die Sonne an seinem Wohnort auf- oder untergeht. Nur wenige können das spontan sagen. So gesehen haben sich die Menschen von der Anbindung an den Himmel verabschiedet.
Über Jahrtausende hinweg war es dagegen existenziell zu wissen, wo und wann die Sonne aufgeht. Für Rhythmen und Ordnungen, die

die Menschen in der Natur wahrnahmen, prägten sie die Begriffe von Tageszeit und Jahreszeit. Heute ist es vielen Menschen nicht mehr bewusst, dass ein Tag nicht nur aus 24 Stunden besteht, sondern der Zeitraum ist, in dem sich die Erde um die eigene Achse dreht, oder dass die Gezeiten aus der Wechselwirkung von Sonne und Mond entstehen. Werden und Vergehen geschieht täglich in der Natur. Die kosmischen Veränderungen laufen mit einer mathematischen Genauigkeit ab, die faszinierend ist. Und sie machen uns klar, dass es nicht die Zeit ist, die vergeht, sondern allenfalls der Mensch. Die Lebenszeit des Menschen ist endlich und das macht sie extrem wertvoll.

Im Takt der Zeit

Im 14. Jahrhundert wurden erste mechanische Uhren erfunden, die fortan die Kultur prägten. Einen Nutzen hatten sie vor allem für die Bewohner der Klöster: Sie halfen, die vorgeschriebenen sechs täglichen Gebetszeiten besser einhalten zu können. Mit der Einführung von Uhren begannen die Menschen, sich nicht mehr nach dem Stand der Sonne, sondern nach dem Schlag der Uhr zu richten. Es scheint, als wären die Zeiten ab dieser Entwicklung immer messbarer, einteilbarer geworden. Wenn man sich am gleichmäßigen Tick-Tack einer Uhr orientiert, dann scheint alles planbar im Takt zu sein. Doch wir werden uns von den Naturzeiten niemals endgültig lösen. Sie bleiben nach wie vor gültig. Kulturelle Erfindungen wie zum Beispiel die Einführung des Kalenders müssen sich bis heute immer wieder den Gesetzmäßigkeiten der Natur anpassen.

Nicht die Zeit ist es, die vergänglich ist. Wir sind es, die vergehen.

Vielleicht kennen Sie Mond- oder Sonnenkalender. Ein Mondmonat dauert 29 bis 30 Tage und damit ist klar, dass zwölf Mondmonate keine 365 Tage ergeben, sondern dass diese Zahl schwankt. Auch ein Sonnenjahr dauert nicht exakt 365 Tage, sondern 365 bis

366 Tage. Immer bleibt eine gewisse Differenz, die sich über die Jahre verstärkt und die dann durch einen zusätzlichen Tag in den Schaltjahren ausgeglichen werden muss. Noch heute richten wir uns nach dem Sonnenkalender, mit dem Kaiser Julius Cäsar 45 vor Christus den bis dahin gültigen Mondkalender in seinem Reich ablöste. Man kann sich kaum vorstellen, was das für das Jahr 44 vor Christus bedeutete. Ganze 80 Tage betrug nämlich die Differenz zwischen beiden Kalendern und so hält das Jahr 44 vor Christus den einsamen Rekord von 445 Tagen.[12] Stellen Sie sich diesen gigantischen Zeitreichtum vor. Was würden Sie heute mit diesem Zeit-Geschenk anfangen?

Zeit ist schwer zu beschreiben. Sie bleibt ein Phänomen und ist nicht letztgültig zu fassen. Die alten Griechen sprachen von Zeit in der Form von *chronos* oder *kairos*. Während *chronos* die Abfolge und quantitative Zeit beschreibt, ist mit *kairos* der richtige Augenblick im Sinne vom besten Zeitpunkt gemeint. Das sind schon sehr unterschiedliche Zeitqualitäten. Wir sprechen von Lebenszeit, doch mittlerweile leben Menschen in Stunden, handeln in Minuten und denken in Sekunden. Was darüber hinausgeht, das nehmen uns die Computer ab. An der Börse zum Beispiel gibt es ultrakurze Reaktionszeiten. Diese Zeitbruchteile, in denen wichtige Entscheidungen getroffen werden, führen hochsensible Computer aus und diese sind umso besser, je näher sie an den Zentralrechnern stehen. Jeder Meter Kabel bedeutet einen Zeitverlust, auch wenn dieser für Menschen nicht mehr nachvollziehbar ist. Die zunehmende Digitalisierung führt zu einer immer größeren Beschleunigung und Dichte dessen, was wir in die Zeit packen. Das ist schon fast beängstigend. Woher kommt die zunehmende Beschleunigung? Von der Antwort auf diese Frage wird es abhängen, ob wir daran etwas ändern können oder wollen.

Vom Zeittakt in die Beschleunigungsfalle

»Speed – Auf der Suche nach der verlorenen Zeit« heißt ein sehenswerter Dokumentarfilm von Florian Opitz, in dem er der Frage nachgeht, wieso immer mehr Menschen durchs Leben hetzen. Durch große technische Fortschritte sparen wir eine Menge Zeit. Stellen Sie sich nur vor, sie müssten heute am Fluss ihre Wäsche waschen, statt sie in die Maschine zu stopfen. Oder sie würden die Kaffeebohnen erst von Hand mahlen, ehe sie das Pulver aufgießen. Gut, unsere Lektorin zum Beispiel macht das tatsächlich – und es macht ihr einen riesigen Spaß. Doch in der Regel sind wir unglaublich effizient und sparen ständig Zeit, aber wo ist dieser Zeitreichtum? Besser gesagt, wieso bleibt nichts von der gesparten Zeit übrig und ermöglicht uns mehr Mußezeiten? Wo bleibt der Zeitwohlstand?

Zeitforscher Karlheinz Geißler weist in seinen Büchern darauf hin, dass die Erfindung der Uhr wohl auch eine Initialzündung für das ökonomische Prinzip des Kapitalismus war. Mit der mechanischen Uhr wird nur noch die abstrakte, qualitativ leere, lineare Zeit getaktet. Diese kann mit Geld berechnet oder in Geld umgerechnet werden. Während Aristoteles ermutigte, wirtschaftlich zu handeln, um Zeit, also freie Zeit, für uns selbst und den Umgang mit unseren Mitmenschen zu gewinnen, hat in der kapitalistischen Denkweise das Wirtschaften den Zweck, Güter und Wachstum zu mehren. Zeit wird in Arbeit und nachfolgend in Geld und materiellen Erfolg übertragen. Benjamin Franklin formulierte 1748 in einem Buch die später oft zitierte Aussage »Zeit ist Geld« als Ratschlag für junge Kaufleute. Er wollte damit auf einen klugen Umgang mit den zur Verfügung stehenden Ressourcen aufmerksam machen.

Wieso bleibt nichts von der gesparten Zeit übrig und ermöglicht uns mehr Mußezeiten? Wo bleibt der Zeitwohlstand?

Bis ins Mittelalter hinein waren Beginn und Ende der Arbeitszeit vom Stand der Sonne und von den jahreszeitlichen Schwankungen des Tages abhängig. Mit der Uhr ließen sich jetzt, anders als zuvor, Arbeitszeiten festlegen, die nicht mehr nur vom Stand der Sonne abhängig waren. Erstmals richteten sich auch die Pausenzeiten an der Uhr aus. Einerseits gut, andererseits konnte man dadurch auf die Idee kommen, auf die Pause zu verzichten oder länger als vorgeschrieben zu arbeiten, um damit mehr zu leisten und folglich mehr Geld zu verdienen. Schon Aufzeichnungen aus dem 15. Jahrhundert berichten davon, dass diese Mehrarbeit als »stuntgelt« vergütet wurde.[13] Damit war der Stundenlohn durch die Einführung der Uhr technisch möglich geworden.

Im 17. Jahrhundert wurden die Uhren mit der Einführung des Pendels deutlich präziser. Die Uhr bestimmte das Arbeitsleben immer stärker, vor allem in Kombination mit Erfindungen des 19. Jahrhunderts wie elektrische Beleuchtung und Dampfmaschine. Damit bekam die Industrialisierung einen immensen Auftrieb. Arbeit war nicht mehr länger an das Tageslicht gekoppelt. Die Uhr allein gab den Arbeitstakt vor. Wer viel und effektiv arbeitete, konnte sich Wohlstand erwerben. Wurde früher die Schnelligkeit mit Geld verrechnet, so scheint es heute die Verdichtung zu sein. Alles passiert zunehmend gleichzeitig und das ist für den Körper und das Gehirn auf Dauer sehr belastend. Wir schreiben per Whatsapp, E-Mail, Facebook oder Twitter und die Antwort wird, wenn nicht umgehend, dann aber spätestens nach einigen Stunden erwartet. Die meisten Menschen sind über mehrere Kanäle zu erreichen. Das Smartphone ist zur mobilen Schaltzentrale geworden. Dies ist durchaus ambivalent. Ermöglicht es uns einerseits eine ortsunabhängige Kommunikation und schnelle Erreichbarkeit, nimmt es uns gleichzeitig einen wirklich privaten, kostbaren Freiraum. Natürlich ist jeder selbst für die Bedienung seiner digitalen Geräte verantwortlich, könnte man einwenden. Wer das Smartphone daheim liegen lässt, der ist auf dem Waldspaziergang auch wirklich offline. Doch es gibt genügend Erwartungen von Firmen, Kollegen,

Familie, denen wir entsprechen wollen. Der kollektive gesellschaftliche Druck der Erreichbarkeit ist wesentlich größer als noch vor Jahren. Die Digitalisierung steigert das Tempo, denn Maschinen schlafen nie und sind immer verfügbar. Wenn Firmen global aufgestellt sind, dann arbeitet vielleicht ein Kollege an dem begonnenen Projekt weiter, der in einer anderen Zeitzone lebt. Das Projekt entsteht dadurch in früher unvorstellbaren Zeiträumen und das setzt die Konkurrenz unter Druck, ebenso effizient zu arbeiten. Es geht um immer mehr in immer kürzerer Zeit. Wie soll da ein Tempowechsel geschehen? Wie kommen wir vom Müssen zur Muße?

Der Ausstieg aus der Beschleunigungsfalle

Sind Sie schon einmal im Wildwasser gepaddelt oder haben Sie Menschen dabei zugeschaut? Dann wissen Sie, dass die Strömung eine so große Kraft hat, dass es unmöglich ist, plötzlich anzuhalten oder die Richtung zu wechseln. Wer sich auf den Fluss begibt, der muss lernen, mit der Strömung klarzukommen, im Fluss zu bleiben und dann frühzeitig nach ruhigeren Kehrwassern oder seitlichen Buchten Ausschau zu halten, die man gezielt ansteuert, um wieder Kraft für die Strecke zu bekommen oder auch nur um die Schönheit der Landschaft und Ufer zu genießen, an denen man sonst vorbeifährt. Ganz ähnlich verhält es sich, wenn wir unser Leben bewusst oder vorausschauend entschleunigen wollen. Krankheiten und Krisen führen zu ungewollten, plötzlichen Entschleunigungen, die eher als Versagen oder Schwäche interpretiert werden. Im Bild gesprochen kippt das Boot im Wildwasser und der Kanute kann von Glück reden, wenn er prustend das Ufer wieder erreicht und nicht untergeht.
Es geht also darum, proaktiv, vorausschauend zu handeln, wollen wir mit dem raschen Lebens- und Arbeitstempo unserer Zeit gut klarkommen. Dabei spielt der Rhythmus der Natur eine wesentliche

Rolle. Als natürliche Wesen besitzen Menschen ein individuelles Zeitempfinden. Wir alle nehmen Zeit verschieden wahr, brauchen ein unterschiedliches Maß an Schlaf, sind zu unterschiedlichen Zeiten leistungsfähig und konzentriert. Wir haben ein ganz eigenes Tempo, mit dem wir Aufgaben bewältigen, durchs Leben gehen, essen oder sprechen. Chronobiologen weisen darauf hin, dass es wichtig ist, den eigenen Rhythmus zu kennen und möglichst oft nach ihm zu leben, will man gesund bleiben.

Siesta-Typen brauchen eine kurze mittägliche Schlafpause, um danach konzentriert weiterarbeiten zu können. Sogenannten Kurzpausern genügt es, rasch etwas zu essen, sich mit anderen auf einen Schwatz zu treffen oder eine kleine Runde zu spazieren. Und es gibt tatsächlich Menschen, die ohne Mittagspause auskommen. Ihnen reicht ein Getränk, ein Sandwich auf die Hand und sie können konzentriert bis in den Nachmittag hinein arbeiten. Auch bei den nächtlichen Schlaftypen gibt es erhebliche Unterschiede. Während die einen mit fünf Stunden Schlaf auskommen, brauchen andere sieben bis neun Stunden. Der menschliche Organismus ist höchst individuell.

Die Natur ist einer der wichtigsten Zeitberater und Zeitgeber.

Die Natur ist dabei einer der wichtigsten Zeitberater und Zeitgeber. Denn der Rhythmus des Tages mit dem Wechsel von Licht und Dunkelheit ist zum Beispiel ein wichtiger Faktor. Hätten Sie gedacht, dass an einem trüben Wintertag draußen immerhin noch 2.500 Lux unsere Lichtrezeptoren stimulieren, während ein elektrisch beleuchtetes, als hell wahrgenommenes Zimmer nur 300 Lux bieten kann?

Hier gibt es keinen passenderen Tipp als: einfach raus! Auch die Jahreszeiten mit ihrem Rhythmus von Blühen und Vergehen, von Hell und Dunkel beeinflussen unseren Zeit- und Biorhythmus enorm.

Vielleicht wenden Sie ein, viel wichtiger sei ein gutes Zeitmanagement. Denn viel Zeit wird auch ungenutzt oder falsch eingeteilt. Das haben auch wir bis vor einigen Jahren gedacht und unsere persönlichen Erfahrungen damit gemacht. Olaf mit seiner Prägung vom Leistungssport mag die Leistung. Er arbeitet gerne nach dem Motto »Geht nicht, gibt's nicht!«, geht an eigene Grenzen und reißt andere mit seiner Begeisterung mit. Denn gute Ergebnisse sind so etwas wie Doping. Erfolg ist ein mächtiger Antreiber. Menschen, die ein anderes Tempo brauchen, fühlen sich jedoch schnell überfordert und Konflikte im Team sind dadurch möglich. Als Sportler weiß er allerdings auch, dass es nicht funktioniert, ständig an der Leistungsgrenze zu trainieren. Die Steigerung geschieht durch den Wechsel von An- und Entspannung. Auf die gezielten Pausen und den Rhythmus kommt es an, will man »am Ball« bleiben.

Ich selbst stand vor einer anderen Herausforderung. Als einzige Familienfrau in einem Team mit ehrgeizigen Männern wollte ich zeigen, dass man Karriere, Kinder und ein vielfältiges Leben unter einen Hut bekommen kann. Olaf hatte dafür nicht nur Verständnis und gute Worte, sondern war bereit, seine Arbeit zu reduzieren und mich im Familienalltag zu entlasten. Doch je besser ich meine Tätigkeit gestaltete, desto anspruchsvoller wurden die Aufgaben. Mein Ehrgeiz zog sie förmlich an.

Um die Fülle und das Tempo zu bewältigen, besuchte ich Seminare. Sie hatten verheißungsvolle Titel wie zum Beispiel »Die 25-Stunden-Frau«. Zeitmanagement wurde für uns zu einem großen Hobby. Und man lernt dort sehr viel Nützliches, um sich zu fokussieren und zu strukturieren. Das Pareto-Prinzip des italienischen Ökonomen Vilfredo Pareto beispielsweise. Er fand heraus, dass 80 Prozent der Ergebnisse auf 20 Prozent der Ursachen zurückgeführt werden können. Also 20 Prozent dessen, was Sie tun, bewirkt in der Regel 80 Prozent dessen, was Sie damit anstreben. Es kommt folglich nicht darauf an, so viel wie möglich zu tun, sondern das Entscheidende, das Wichtige zu tun. Das ist extrem ernüchternd und hilfreich für alle, die perfektionistisch immer 100 Prozent leisten wollen und sich dabei völlig verausgaben. Oder das Eisenhower-Modell des amerikanischen Präsidenten, dem man nachsagte, dass er mit seiner vier Quadranten-Regel kein Papier zweimal in die Hand nehmen musste. Eisenhower ordnete alle anstehenden Aufgaben einem Quadranten zu und unterschied zwischen dringend/wichtigen, nicht dringend/aber wichtigen, dringend/unwichtigen und nicht dringend/ nicht wichtigen Aufgaben. Einleuchtend, dass er die letzte Kategorie gleich in den Papierkorb entsorgte. Für die anderen Aufgaben hatte Eisenhower dann die Möglichkeit zu delegieren, sie zu vertagen oder sie umgehend selbst zu erledigen. Auch den Satz: »First things first!« haben wir in diesen Seminaren gelernt und häufig angewandt, wenn es darum ging, unterschiedliche Themen und Aufgaben zu priorisieren.

Solche Methoden sind Hilfsmittel, Handwerkszeuge im Umgang mit der Zeit. Doch wenn man genau hinschaut, dann beziehen sie sich immer auf die Zeitquantität und lösen nicht die dahinterstehenden Ansprüche. Der Druck bleibt bestehen.

Unser Interesse an einer guten Zeit führte uns weg vom bloßen Managen der Zeit hin zu einem tieferen Zeitverständnis. Es geht um einen bewussten, gelassenen und reifen Umgang mit der Zeit. Wir haben alle die gleichen 24 Stunden Zeit pro Tag zur Verfügung. Also kann es nicht allein darum gehen, unsere Zeit pfiffig einzuteilen oder schlau zu managen. Wir haben nicht zu wenig Zeit, sondern zu viel zu tun. Es geht darum, die Aufgaben, Erwartungen und Anforderungen von außen, aber auch in uns zu prüfen. Sie führen zu dem Druck, unter dem wir leiden. Wir begannen, unsere Einstellung und Denkmuster zu hinterfragen. Wir gingen ganz bewusst auf Werte-Suche. Ein ganzes Kapitel unseres Buches »Einfach gut! Mit Leichtigkeit erfüllter leben« handelt von dieser Suche nach den Werten des Lebens und davon, wie man sie für sich selbst finden kann.

Wir haben erkannt, dass es nicht darum geht, was wichtig oder dringlich ist, sondern darum, was wesentlich ist. Wer die Reihenfolge seiner »To-Dos« klärt, hat deshalb nicht weniger auf seiner gesamten

»To-do-Liste« stehen. Wer raus will aus dem Zeitdruck und dem Zuviel in seinem Leben, muss raus aus den bisherigen Denkmustern und neue Fragen stellen, um weiterzukommen. Vielleicht solche:

- Was würde ich bedauern, nicht gelebt zu haben?
- Was will ich wirklich?
- Wofür gibt es gerade mich auf dieser Welt?
- Was möchte ich nicht mehr tun?
- Welche Kontakte geben mir Kraft, welche rauben mir Kraft und welche davon möchte ich weiterführen?

Wer der Beschleunigungsfalle entkommen möchte, darf nicht erwarten, dass dies andere für einen tun, oder abwarten, ob bessere Zeiten kommen. Kompetent mit der Zeit umzugehen bedeutet, bisherige Glaubenssätze zu hinterfragen und die Messlatte niedriger zu legen. Es ist oft eigenes Anspruchsdenken in Kombination mit inneren Antreibern, was zu einem beängstigend hohen Lebenstempo führt. »Erst die Arbeit, dann das Vergnügen« oder »Mach schnell!«, »Mach es besser!«, »Mach es richtig!« sind solche inneren Tempomacher. Folglich fragt der Nobelpreisträger Daniel Kahnemann als Psychologe danach, ob hinter der Beschleunigung Gier oder Angst lauert. Ist es die Angst, nicht mithalten zu können? Ist es die Sorge, dass andere besser, schneller, erfolgreicher sind? Ist es die Befürchtung, nicht mehr anerkannt und geliebt zu werden? Kahnemann vertritt die These, dass Angst vor Verlust ein größerer Antreiber ist als die Aussicht auf einen Gewinn. Es ist eine uralte Angst, dass das Leben zu kurz und der Tod zu schnell kommt.
Menschen versuchen häufig, diese Gedanken mit Aktionismus zu verdrängen, und verdrängen damit mitunter das Leben selbst. So gesehen ist Gelassenheit die beste Strategie und diese hat das Lassen bereits im Wortstamm. Doch gerade dies fällt schwer. Wir mögen die kleine Seminargeschichte von einem vielbeschäftigten Menschen, der einen Zenmeister um Rat fragt, weil er am Rande seiner Kraft ist.

Dieser empfiehlt: Sie sollten einfach nichts tun. Darauf folgt sofort die Frage: Und was muss ich da tun?

Lassen hat viel mit Vertrauen, mit innerer Zufriedenheit und Muße zu tun. So, wie der Kajakfahrer im Wildwasser nicht plötzlich anhalten kann, so kann auch niemand vom intensiven, geplanten Arbeitsalltag direkt in den Modus von Ruhe und Muße übergehen. Rituale helfen, die Übergänge zu gestalten. Vielleicht den Arbeitsweg mit dem Fahrrad strampeln, den Fußweg von der U-Bahn nach Hause in einem gemächlichen Schritt zurücklegen, den Anzug gegen Jeans und Pulli tauschen oder, wie Comissario Brunetti in Donna Leons Krimis, einen Espresso im Café auf dem Heimweg trinken.

Solange wir es als Statussymbol erfolgreichen Lebens betrachten, wenn jemand zu viel zu tun hat, nachts um eins oder morgens um fünf seine E-Mails schreibt oder Termine Monate im Voraus vergibt, werden wir die Zeitkrankheiten nicht loswerden.

Bei allen technischen Errungenschaften dürfen wir uns ruhig daran erinnern, dass unser evolutionäres Stammhirn bei geschätzten zwölf Millionen Sinneseindrücken pro Sekunde noch immer im Modus der Steinzeitmenschen reagiert, um der Gefahr zu begegnen. Es stellt sich nur drei Fragen: fliehen, kämpfen oder tot stellen? Eine Zehntel Sekunde später hat das Großhirn die Möglichkeit, auf diesen Eindruck etwas analytischer zu reagieren. Dort werden nämlich die Informationen interpretiert, bewertet und vor allem reduziert. Anders als beim Computer kann unser menschliches Gehirn nur circa sieben Informationen im Kurzzeitspeicher aufnehmen. Also ist es kein Wunder, wenn der Kopf bei der Fülle der Eindrücke wehtut, das Herz schneller schlägt, die Ohren summen und der Rücken sich verkrampft.

Wie können wir unsere Zeit so leben, dass wir dabei gesund bleiben? Patentrezepte gibt es dafür keine, aber gute Anregungen. Grundsätzlich läuft es auf zwei Ebenen hinaus, die Sie beeinflussen können.

1. Reduzieren Sie das, was auf Sie einströmt.
2. Hinterfragen Sie Anforderungen, die Sie an sich selbst stellen.

Wie kann das ganz praktisch aussehen? Wir haben einige Möglichkeiten zusammengestellt. Wählen Sie selbst, welche Ihnen machbar und verlockend erscheinen.

- Setzen Sie sich nicht mehr der Werbung in Radio, Fernsehen, Zeitschriften aus.
- Gehen Sie am Wochenende einen Tag lang offline und sind damit nicht für jeden erreichbar.
- Achten Sie bewusst darauf, welche Menschen ihnen im Gespräch guttun und welche sie stressen. Wählen Sie dann bewusst Ihre Kontaktzeiten mit diesen Menschen.
- Nutzen Sie klassische Musik zum Beispiel von Bach oder Entspannungsmusik zum Entschleunigen als Übergangsritual zwischen Arbeit und der individuellen Freizeit.
- Achten Sie darauf, ob es Tätigkeiten gibt, bei denen Sie sich wie von allein entspannen. Versuchen Sie, diese häufiger in Ihren Alltag einzubauen.
- Setzen Sie sich bei zu hohen oder zu häufigen Anforderungen von außen damit auseinander, wie man ein positives Nein formuliert. Lernen Sie es, klare Botschaften zu senden und vor allem ein Ja zu ihren eigenen Überzeugungen und Werten zu finden. Dieses Ja ist die beste Basis für ein überzeugendes Nein und verschafft Ihnen Freiräume.
- Suchen Sie sich eine sportliche Betätigung ohne Wettkampfcharakter oder Zeitdruck.
- Lernen Sie, Achtsamkeitsübungen oder meditative Übungen in Ihren Alltag einzubauen.
- Legen Sie sich statt einer »To-do-Liste« eine »Let-it-go-Liste« an.

Zeitwohlstand – Reichtum der anderen Art

Reichtum an Zeit ist nicht käuflich. Sie wissen ja, wir haben alle gleich viel Minuten an einem Tag zur Verfügung. Allerdings wissen wir nicht, wie viel Zeit wir in unserem Leben zur Verfügung haben, und dies ist die entscheidende Aussage. Während wir uns über Zeit und Beschleunigung Gedanken machten, kam eine E-Mail von einer guten Freundin ins Haus. »Feiert das Leben. Es ist so wertvoll!«, schrieb sie und weiter, dass der Tumor im Kopf wieder gewachsen sei. »Es fühlt sich so an, als ob wer mit einem großen Radiergummi alles ausgelöscht hat. Ich kann meinen eigenen Namen nicht mehr schreiben, überlege, wie ich ein Messer in die Hand nehmen soll. Allein diese Mail strengt mich zu viel an. Meine Highlights sind die Waldspaziergänge und meine Lieben.«

Können Sie sich vorstellen, wie bewegt wir vor diesen Zeilen saßen? Hilflos und zugleich dankbar für diese ehrlichen Worte. Sie mahnen uns mit einer Eindringlichkeit, die Zeit wertzuschätzen, die kein Zeitratgeber je erreichen kann.

Deine Zeit ist dein Leben. Sei klug! – Dies haben wir im Sabbatjahr auf einem alten Holzschild am Highway gelesen und zu unserem Leitspruch gemacht. Zeitwohlstand zu haben bedeutet, sich bewusst zu sein, dass ich einen Einfluss darauf habe, wie ich meine Zeit gestalte. Wer sich Zeit für das nimmt, was ihm zutiefst wichtig ist, der wird eine ganz große Zufriedenheit darüber spüren. Er ist dann in der Zeit und rennt ihr nicht mehr hinterher.

Es sind Sternstunden, an die Sie sich lange erinnern werden und die Ihnen Kraft geben, wenn das Tempo wieder schell oder unruhig ist. Ich habe oft mehrere Projekte gleichzeitig im Kopf und kann selten ohne ein Buch in der Hand ruhig sitzen. Als unser Enkelkind geboren war, habe ich alle Termine abgesagt. So konnte ich die ersten Tage dabei sein, helfen und den Alltag der jungen Familie begleiten. Ich saß mitunter mehr als eine Stunde einfach nur am Fenster, habe das winzige Mädchen in meinem Arm gewiegt und über das Wunder des Lebens gestaunt. Die Zeit verging wie im Flug und kam mir gleichzeitig wie eine Ewigkeit vor. Es war einmalig. Dass ich diese Zeit so nutzen konnte, macht mich heute zutiefst glücklich.

Zeitwohlstand bedeutet, dass Sie in Ihrem Alltag zwischen unterschiedlichen Zeitmustern wechseln können. Es gibt getaktete, geplante, strukturierte Zeiten, in denen Sie etwas bewegen und schaffen. Daneben gibt es Zeiten, in denen Sie sich treiben lassen, trödeln können oder lustvoll verweilen. Dies mehrt das Gefühl, Zeit im Überfluss zu haben. Achten Sie auf Ihren natürlichen Rhythmus, egal, ob Sie zu den Morgen- oder Nachtmenschen zählen, ob Sie im Sommer aufleben oder den Winter mögen, ob Sie gerne planen oder lieber spontan handeln. Alle Zeittypen brauchen ihren eigenen Rhythmus – und wenn nicht durchgehend, dann zumindest von Zeit zu Zeit. Vor allem aber brauchen wir den Freiraum, nicht immer nur zu müssen. Wir brauchen Mußezeiten!

Zeitwohlstand bedeutet, dass Sie in Ihrem Alltag zwischen unterschiedlichen Zeitmustern wechseln können

Muße? Olaf meinte sofort, Muße ist kein Wort für Männer. Es klingt zu weiblich, zu weich, zu poetisch. Doch wie soll man das entspannte Nichtstun sonst nennen? Obwohl wir uns in der Gesellschaft mit der Muße schwertun, widmete das Wirtschaftsmagazin »brandeins« zwei Ausgaben innerhalb von drei Jahren genau diesem Thema. Die Auseinandersetzung mit dem gefühlten Zeitnotstand und die Sehnsucht nach dem Zeitwohlstand führt zu Titeln wie: »Nichtstun – Und was sich daraus machen lässt« (Heft 8.2012) oder »MACHT BLAU – Schwerpunkt Faulheit« (Heft 8.2015). Bezeichnenderweise ist es natürlich das Sommerheft. Mitten in der Urlaubszeit scheint es legitim und verlockend, das Nichtstun in den öffentlichen Fokus zu rücken. Dabei sagt Karlheinz Geißler: »Auf Mußezeiten kann man nicht verzichten, wenn man der Verwirklichung der Sehnsucht näher kommen will, zeitsatt und zeitzufrieden älter zu werden.« Da braucht

es schon mehr als den Jahresurlaub, um diesem Anspruch gerecht zu werden. Muße ist kein Zeitmaß, sondern eher eine Haltung. Sie entsteht in Zeiten, in denen man tun kann, was man möchte, vielleicht nachdenken, angeln, gärtnern, spielen, sinnieren oder Musik hören. Mußezeit ist selbst gewählt und daher niemals langweilig.
Muße ist wie Medizin, schlussfolgert Zeitexperte Lothar Seiwert und beschreibt deren körperliche Auswirkung auf den menschlichen Körper so: »Vom Nichtstun profitiert das ganze System Mensch – jede einzelne Körperzelle: Das sympathische Nervensystem schaltet um auf das parasympathische, von turboaktiv auf baldrianzufrieden. Der Puls sinkt. Die Atmung wird tiefer. Der Blutdruck normalisiert sich. Weniger Lebensenergie wird verprasst. Das Immunsystem tankt Kraft. Stresshormone werden abgebaut.«[14] Muße lässt sich in der Natur viel leichter lernen, denn wir können von Pflanzen und Tieren abschauen, was es bedeutet, langsam zu wachsen, aus der Kraft von Wurzeln zu leben, sich dem Rhythmus der Jahreszeiten anzupassen oder auch zu akzeptieren, dass alles seine ureigenste Zeit hat. Lesen Sie mal mit Muße die alten Weisheitstexte aus dem biblischen Buch Prediger Salomo, Kapitel 3, Verse 1–15. Ein tiefsinniger, kluger Text, in dem Ihnen sicher vieles bekannt vorkommen wird.
Die Natur ermöglicht uns Kenntnis und Muße gleichermaßen, die wir nutzen können, wollen wir klüger mit unserer Zeit umgehen.
Im Biosphärenreservat der Insel Rügen liegt das Naturschutzgebiet Goor. Hier finden sich vielfältige Waldtypen mit imposanten Bäumen, alten Hügelgräbern und einstigen Siedlungsflächen, die aufgeforstet wurden. Auf dem »Pfad der Muße & Erkenntnis« begegnen dem Besucher Bäume als »Mittler« für ein neues Verständnis im Umgang mit der Naturzeit. Wer sich die Zeit nimmt, auf dem vier Kilometer langen Pfad an 19 Stationen zu verweilen, taucht vertieft in Natur- und Kulturphänomene ein. Er wird sich als Teil der Natur einordnen können und begreifen, dass auch wir Menschen ein natürliches Maß an Lebenszeit haben, das wir jenseits aller mechanischen Zeitgeber gestalten können.

Zeit der Muße entsteht im Urlaub leichter als in einer angespannten Arbeitsphase. Deshalb können wir den Urlaub als eine Hinführung nutzen, der Muße Raum und Zeit zu geben. Niemand zwingt uns, im Urlaub von einer Sehenswürdigkeit zur nächsten zu hasten. Selbst bei einer Städtetour können wir uns die Erlaubnis geben, am Ufer des Flusses oder im Park mitten in der Stadt zu verweilen. Wer einmal für eine gewisse Zeit achtsam, bewusst, genügsam und gelassener seine Tage gestaltet, der wird die Muße auch jenseits der Urlaubstage immer wieder erleben wollen. Sie ist für ein gutes, für ein gelingendes Leben unverzichtbar.

»Auf Mußezeiten kann man nicht verzichten, wenn man der Verwirklichung der Sehnsucht näher kommen will, zeitsatt und zeitzufrieden älter zu werden.«
KARLHEINZ GEISSLER

Gönnen wir uns deshalb Zeitoasen, kleine und größere, in denen wir ganz präsent sind und spüren, dass es neben dem Güterwohlstand noch eine andere Qualität gibt, die unser Leben reich macht, den Zeitwohlstand.

Coaching to go

Wagen Sie den Tempowechsel!

Achten Sie darauf, heute eine ganz gewöhnliche Tätigkeit in einem wesentlich gelassenerem Tempo zu machen. Also schlendern Sie zum Bäcker, trinken Sie den Tee schluckweise, schreiben Sie sehr bewusst eine Mail langsamer als üblich. Machen Sie sich damit bewusst, dass Sie Ihr Tempo selbst bestimmen.

Wagen Sie den Blickwechsel!

Gestalten Sie sich kleine Pausen am Tag mit einem bewussten Blick an den Himmel. Beobachten Sie die Wolken, die Bewegung der Blätter an den Bäumen, den Stand der Sonne. Sie können dazu auf den Balkon, vor das Haus, in den Garten oder einfach ans Fenster treten. Diese kurzen Momente werden Sie entspannen und Ihr Gehirn erfrischen. Außerdem relativiert sich manches Tun, wenn wir uns als Teil der Natur wahrnehmen und uns nicht als Mitte des Universums einschätzen.

Nehmen Sie große Rhythmen bewusst wahr!

Entwickeln Sie ein Ritual und gehen Sie wöchentlich oder monatlich an einen bestimmten Ort in der Natur. Vielleicht haben Sie einen besonders imposanten Baum im Park, eine Anhöhe mit Ausblick oder einen Fluss in der Nähe. Nehmen Sie bewusst wahr, wie sich diese Umgebung im Lauf der Monate und Jahreszeiten verändert. Vielleicht mögen Sie ein Foto vom immer gleichen Standplatz aus machen, um sich zu vergegenwärtigen, dass es mehr Zeiten als den Takt der Stunde gibt.

Suchen Sie Zeitinseln mit goldenen Momenten auf

Finden Sie einen Ort, an dem Sie über eine offene Fläche hinweg den Sonnenuntergang oder -aufgang beobachten können. Nutzen Sie diesen Platz für eine bewusste kleine Auszeit und gönnen Sie sich immer mal wieder die Zeit, dem Sonnenuntergang gelassen zuzuschauen.

Es ist vielleicht ein perfekter Platz, um einige Sätze in ein Danke-Tagebuch zu schreiben, sollten Sie dieses Ritual pflegen. Diese »Goldene Stunde« – auch wenn es nur 10 Minuten sind – führt regelmäßig angewandt zur inneren Entschleunigung, zu mehr Dankbarkeit und gesteigerter Achtsamkeit.

Ein Lob der Pause

GESPRÄCH MIT KARLHEINZ GEISSLER

Leider können wir uns nicht wie geplant zu einem Tee und einem sinnigen Gespräch über die Zeit treffen. Professor Dr. Karlheinz Geißler hat keine Zeit. Das heißt genau genommen, er hat zwar Zeit und wir auch, aber die Orte, an denen wir diese verbringen, lassen sich einfach nicht miteinander verbinden. Fahren wir nach München, ist er in der Schweiz zu einer Vortragsreise. Ist er in München, sind wir in Hamburg oder Dresden oder Warnemünde.

Es ist wie es ist. Wir bleiben dran und er ist bemüht, das Interview dennoch zu geben. Also greifen wir auf die mediale Unterstützung zurück und können uns auch ohne den Genuss eines persönlichen Gespräches austauschen. Und dieser Austausch war uns enorm wichtig, denn Karlheinz Geißler ist nicht nur ein interessanter Zeitgenosse, sondern eine Koryphäe in Bezug auf Zeitforschung und noch viel wichtiger in Bezug auf die Lebenszeit. Zahlreiche Bücher hat er zum Thema Zeit geschrieben. Er bietet Zeitberatungen an, ist ein gefragter Vortragsredner und Zeit-Experte für die Medien. Sobald es ein Sonderheft von Geo, Spiegel oder anderen Magazinen über die Zeit gibt, ist Professor Geißler dabei. Sehr nahe waren wir uns vor vier Jahren zumindest auf dem Bildmaterial des Bayerischen Fernsehens. Dort gab es eine Sendung über den Wert der Zeit und den Umgang mit der Zeit, in der er als Wissenschaftler und wir als Interviewpartner, gerade aus dem Zeitreichtum des Sabbatjahres zurückgekehrt, mitwirken durften. Noch heute schmunzeln wir darüber, denn das Projekt wurde geleitet von einer wunderbaren Journalistin mit dem Namen Uhr.

Herr Professor Geißler, wie kommt es, dass Sie so eine Vorliebe für das Thema Zeit entwickelt haben?
Ich bin mir nicht sicher, ob ich eine Vorliebe für Zeit habe oder die Zeit eine Vorliebe für mich. Eindeutig jedoch ist: Ich liebe die Zeit. Ihr habe ich mein Leben zu verdanken und sie ist mir bisher nicht von der Seite gewichen. Das nennt man eine treue Freundin – und um treue Freundinnen sollte man sich kümmern. Solange man auf ein glückliches, zumindest ein zufriedenmachendes und zufriedenstellendes Leben Anspruch erhebt – es muss ja nicht immer gleich die Heimkehr ins Paradies sein – und solange man der Überzeugung ist, selbst dazu etwas beitragen zu können, kommt man nicht umhin, über Zeit und den Umgang mit ihr nachzudenken, sie zu beobachten, über sie zu reden und, was ich gerne tue, auch über sie zu schreiben. Doch dabei darf man nicht stehenbleiben. Beobachten, Schlüsse ziehen und darüber schreiben ist keine hinreichende Voraussetzung für ein glückliches Zeitleben. Das gute, zeitsatte Leben ist nur in zweiter Linie eine Sache des Betrachtens und des Nachdenkens. Wie diejenigen, die über ihren Schlaf nachdenken, nicht einschlafen können, so können auch jene die Zeit nicht in ihrer ganzen Fülle und Vielfalt leben und genießen, die sich ohne Unterlass mit ihr beschäftigen oder sie immerzu sparen. Es hat keinen Sinn auf bessere Zeiten zu warten. Sie sind immer schon da. Man muss sie nur zu sich einladen.

Das Thema »Zeit« scheint für uns Menschen ein zeitlos faszinierendes Thema zu sein. Warum ist das so?
Jacob Burckhardt, der große Schweizer Kulturhistoriker, bietet uns eine Antwort auf diese Frage an: »Wir möchten die Welle kennen, auf welcher wir im Ozean treiben«, und er ergänzt sogleich »allein, wir sind die Welle selbst.« Zeiterkenntnis, so muss man Burckhardt verstehen, ist immer auch Selbsterkenntnis. Unsere Neugier, mehr darüber in Erfahrung zu bringen, was Zeit eigentlich ist und ob sie wirklich so tickt wie die Uhr, ist auch einem ins Erwachsenenalter hinübergeretteten kindlichen Forscherdrang geschuldet, herauszubekommen, was

hinter dem steckt, was wir »Leben« nennen. Das Interesse, das man der Zeit entgegenbringt, ist stets auch eine Neugier, die man auf sich selbst richtet. Das macht die Fragen nach der Zeit nicht leichter und die Antworten auf diese noch etwas schwerer.

Sie tragen schon viele Jahre keine Uhr. Gab es einen Karlheinz Geißler mit Uhr und inwiefern unterscheiden sich die beiden?
Ja, es gab und gibt noch einen Karlheinz Geißler mit Uhr. Ich lebe selbstverständlich wie jeder Mitteleuropäer in einer Uhrzeitgesellschaft. Mein Computer zeigt die Uhrzeit an, den barocken Kirchturm, den ich beim Blick aus dem Fenster sehe, schmückt eine Turmuhr und in der Küche tickt auch eine Uhr, damit die Nudeln al dente auf den Tisch kommen. Aber, und das leiste ich mir bereits mein Leben lang, ich trage keine Uhr. Schon als vom Pünktlichkeitsterror belästigter Schüler war ich der Meinung, dass die Uhr ein Gegenstand ist, den man nicht tragen, sondern allerhöchstens ertragen sollte. Die Uhr gehört für mich zu jenen Diktatoren, die wir zu lieben gezwungen wurden. Ich liebe die Zeit, aber nicht ihren Käfig, den wir Uhr nennen.

Was sind ihre wichtigsten drei Erkenntnisse für einen persönlichen Zeitwohlstand?
1) Dass wir die Zeit nicht haben, sondern sind.
2) Dass wir alles das, was wir der Zeit antun, uns selbst antun.
3) Dass wir möglichst viele Gelegenheiten zur Zeitverschwendung nicht ungenutzt vorübergehen lassen sollten.

Wenn man die Fülle von Veröffentlichungen und Ihre vielen Vortragstermine als Zeitforscher sieht, dann müssen Sie Ihre Zeit selbst klug einteilen. Wie sieht Ihr persönliches »Lob der Pause« aus?
Ich mach's kurz, um die Pause zu loben: Hölderlin lesen und mit den Enkelkindern spielen – und hin und wieder nichts tun und sich beim Nichtstun zuschauen.

In Ihrem aktuellen Buch »Time is honey« plädieren Sie dafür, die Zeit als Freundin, nicht als Widersacherin zu betrachten. Welchen Nutzen hat dieses Bild für den praktischen Umgang mit Lebenszeit?

Man kann auf die Zeit zugehen und man kann die Zeit auf sich zukommen lassen. Das rechte Maß für eine gelingende Balance beider Zeitverhältnisse zu finden, ist meine tägliche Herausforderung. Anders ausgedrückt ist das die Balance zwischen »Time is money« und »Time is honey« – wobei »Time is honey« für Zeit als Lebensmittel, als Mittel zum Leben steht.

Was ist aus Ihrer Sicht die beste Zeit im Leben?

Die beste Zeit im Leben ist immer jetzt. Denn nur jetzt ist die Zeit lebendig, nicht gestern und nicht morgen. Die Zeit ist immer heute da, auch morgen ist sie heute da.

Professor Dr. Karlheinz Geissler, emeritierter Professor für Wirtschaftspädagogik, ist Autor zahlreicher Bücher und gefragter Redner zum Thema Zeitkompetenz. Er leitet das Institut für Zeitberatung „timesandmore" und lebt in München. www.timesandmore.com

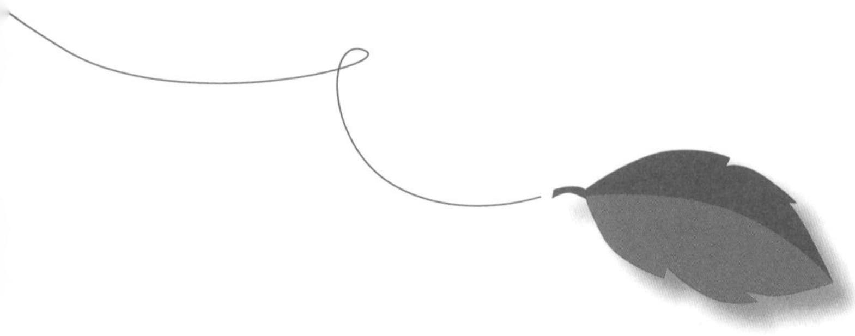

KAPITEL 3

Raus aus der Stadt

Wagen Sie sich in die Wildnis vor der Haustür

Wildniskraft gewinnen

Ich erinnere mich sehr gut an einen Tag Anfang März vor vier Jahren. Ich saß in einem Blockhaus in Westkanada, hatte über Satellit Internetzugang und klickte auf den Link in der E-Mail, die mir Dave aus dem 400 Kilometer nördlich gelegenen Örtchen Wells mitten in den Cariboo Mountains geschickt hatte.

Der Link führte über Google Earth zu einem winzigen grünen Punkt auf der Landkarte. Er zeigte einen Ausschnitt des kanadischen Provinzparks Bowron Lake. Jetzt im Winter war der Park total abgeschieden. Nicht einmal die üblichen Snowscooter, die Schneemobile, sind dort erlaubt. Man kann die zugefrorenen Seen lediglich mit Langlaufskiern erobern. Es ist eine fast unberührte Wildnis. Gesäumt von majestätischen Bergen liegen dort auf 126 Kilometern Seen aneinandergereiht, unterbrochen von schmalen Landpassagen. Ein Eldorado für einzelne Outdoorfreaks und Abenteurer. Kleine Hütten, die im Sommer den Parkrangern als Unterkunft dienen oder als Notfallquartiere offenstehen, können auch im Winter für eine Übernachtung genutzt werden, vorausgesetzt, man sorgt für Feuer und bringt sein Essen mit.

Es gibt nur sehr wenige Gegenden, in denen man die pure Einsamkeit und eine gewisse Sicherheit so gut miteinander kombinieren kann. Auf diesen Seen gibt es niemanden, der dir sagt, wo genau der Weg entlangführt. Du musst dein eigener Pfadfinder sein, tückische Eisbrüche frühzeitig erkennen, um nicht einzubrechen. Du musst mit dem Gegenwind fertigwerden und mental stark genug sein, um die Einsamkeit der weißen Wildnis auszuhalten. Es ist eine Herausforderung für Kopf und Körper zugleich.

Und genau diese Herausforderung suchte mein Mann. Er war vor einigen Tagen aufgebrochen gen Norden, begleitet von unserer Hündin, ausgestattet mit einer geliehenen Langlaufausrüstung und einem alten Zugschlitten voller Material. Isomatte, Schlafsack, Beil, Teekessel, Müsliriegel und einige Grundnahrungsmittel. Sieben Tage wollte er dort in der Wildnis der winterlichen Bowronlakes unterwegs

sein. Er wollte sich seinen Weg suchen, sich in der Natur bewegen, die Freiheit haben, seiner inneren Stimme zu folgen, und sein ganz eigenes Abenteuer erleben.
Ich habe ihn gerne ziehen lassen, wohlwissend, dass er Risiken eingeht dort draußen. Es kann gefährlich sein, dem eisigen Wind ausgeliefert in einem Schneetreiben die Orientierung zu verlieren. Selbst erfahrene Musher sind schon mit ihren Hundeschlitten auf den Seen eingebrochen. Sie haben bedrohliche Eisaufbrüche zu spät bemerkt und selbst wenn sie sich aus dem Wasser befreien konnten, waren die Temperaturen so unerbittlich, dass jede Hilfe zu spät kam. Außerdem, woher sollte die Hilfe denn kommen? Viele Kilometer ringsherum gibt es keinen anderen Menschen. Du bist dort auf dich gestellt und musst die Verantwortung für dein Handeln übernehmen oder zu Hause am warmen Ofen bleiben. Genau das war mein Part. Ich war mit unserer Tochter im sicheren Blockhaus geblieben, das gehackte Holz vor der Tür und das Essen im Schrank. Ich fühle mich so weit draußen nicht wohl. Meine Komfortgrenze ist weitaus geringer als die von Olaf. Doch damit können wir umgehen, indem wir von Zeit zu Zeit getrennte Wege gehen.
Dave, unser Freund und Wildnisführer am Bowron Lake, hatte Olaf auf der ersten Tagesetappe ein Stück begleitet und ihm dann einen Notfallspot, einen kleinen Satellitenempfänger mitgegeben. Notfalls könnte Olaf damit entweder Dave alarmieren, der dann in einigen Tagen oder Stunden mit Skiern zu ihm vordringen würde, oder über die SOS-Taste einen Hubschrauber anfordern, der je nach Wetterlage hinausfliegen könnte, oder er würde schlicht den OK-Knopf drücken, mit dem die Koordinaten seines aktuellen Aufenthaltsortes auf Google Earth sichtbar sind. An diesem Abend sah ich auf meinem Computer, das »OK«, den blinkenden Standort von Olaf weit draußen auf dem Isaac Lake, und ich habe mich mit dem Abenteurer gefreut, dass er schon so viel Strecke gemacht hat.
Exakt vier Tage später war Olaf zurück, mit leuchtenden Augen, braungebrannt und mit einem ungewohnten Stoppelbart im Gesicht.

»Es war die beste Woche meines Lebens«, sagt er bis heute über diese Solotour in der Wildnis am Bowron Lake. Er kann sagen: »Ich habe meine Träume gelebt. Alles, was jetzt kommt, ist ein Sahnehäubchen, eine Zugabe des Lebens!«

Ich verstehe, was er damit meint. Es war eine Woche, in der er ganz bei sich und zutiefst Teil der Natur war. Eine außergewöhnliche, einzigartige Zeit, in der er erlebt hat, dass es Grenzen gibt, die er achten muss, aber auch Kraftquellen, die ihm zur Verfügung stehen. Noch heute schöpft er Kraft daraus. Wildniskraft.

Wo die Wildnis beginnt

Vielleicht denken Sie jetzt, so wild muss es wirklich nicht sein. Ich möchte mir weder die Füße erfrieren noch im nördlichen Kanada oder im asiatischen Dschungel allein meinen Weg bahnen. Da geben wir Ihnen Recht.

Jeder muss seine eigenen Erfahrungsräume suchen. Vielmehr kommt es auf den ersten Schritt an. Und der kann zuerst in den gepflegten Stadtpark oder den angrenzenden Stadtwald führen. Die Erfahrung vieler Menschen zeigt, dass mit der Gewöhnung an natürliche Umgebungen und mit zunehmender Sicherheit die Sehnsucht wächst, weiter hinauszugehen und die wilderen Orte aufzusuchen.

Wo beginnt für Sie die Wildnis? Dort, wo keine Hochspannungsleitungen und Sendemasten mehr zu sehen sind? Da, wohin man sich mit dem Hubschrauber hinausfliegen lässt? Dort, wo Tiere leben, die wir im Zoo hinter Gittern sehen? An dem Ort, wo man sich freut, nach Tagen der Einsamkeit wieder Menschen zu treffen? Oder beginnt die Wildnis da, wo man einfach mal unbeobachtet nackt in einen See springen kann und sich dabei wie im Paradies fühlt? Für die einen reicht tatsächlich ein Stadtpark aus, um das Gefühl von Wildnis zu haben, und andere brauchen dafür die große Entfernung und das Risiko.

Da stellt sich doch die Frage: Was genau ist Wildnis? Gibt es eine Grenze, an der die Natur zur Wildnis wird? Wildnis wird gerne so beschrieben: ungezähmt, unberechenbar, unübersichtlich, undurchdringlich, unheimlich. Man könnte meinen, Natur wird durch die Vorsilbe »un« zur Wildnis. Wildnis wird damit zur Gegenwelt unserer kulturellen Ordnung. Sie wird förmlich eine Un-Welt. Die vermuteten Gefahren der Wildnis und das damit verbundene (Lebens)Risiko schüren bei vielen Menschen Ängste. Das ist auch nicht verwunderlich. Wurde doch die Wildnis jahrhundertelang als ein dem Menschen gefährlicher Lebensraum vor allem mit dem Bild des bösen Waldes und der wilden Bestien besetzt.

»Ein Stadtpark reicht vollkommen aus, um einen Weg in die Wildnis zu finden. Denn Wildnis ist eine Geisteshaltung.«

ULRIKE FOKKEN

Wildnis stammt im Altdeutschen von *wildi* oder *wilde*, was soviel wie unbebaut, ungezähmt, fremd, unbewohnt oder wüst bedeutet. Im Englischen wird der Begriff *wilderness* erstmals im 13. Jahrhundert erwähnt. Man könnte es mit Wildtiernis übersetzen, denn *wilderness* bezieht sich auf das altenglische Wort *deor* (Biest), aus dem später der noch heute gebräuchliche Begriff *deer* (Hirsch) wurde. So beschreibt die *wilderness* ein großes, unerschlossenes Gebiet, das so ursprünglich und weit ist, dass große (wilde) Tiere dort leben können. In Afrika sind das zum Beispiel Gegenden, in denen die berühmten »Big Five« (Löwe, Elefant, Nashorn, Leopard, Büffel) zu finden sind, in Asien Gebiete, in denen der Tiger und Elefant frei leben oder die Bären, Wölfe, Wisente und Elche im Norden. Immerhin zählen Wolf, Bär und Luchs zu den großen hiesigen Beutegreifern, denen man in den Nationalparks wieder einen Lebensraum bieten möchte.

Sicher fühlten sich die Menschen im Abstand zu dieser »Wildtiernis«. Sie suchten den geordneten Kulturraum in Höfen, Dörfern, Städten und den dazugehörigen Gärten, Parkanlagen oder Feldern. Mühsam haben unsere Vorfahren der Natur nutzbare Flächen abgerungen, um sich davon zu ernähren und sesshaft zu werden. Je mehr sich der Mensch von der wilden Natur entfernte, desto größer wurde die Furcht vor dem Unberechenbaren und Unzähmbaren da draußen. »Das Maß an Natur, das sie zum Leben brauchten, hatten sie sich gefügig gemacht und domestiziert. Von der ungebändigten, wilden Natur trennte sich der Mensch.«[15]

Wildnis wurde zum absoluten Gegensatz zur Zivilisation, zu den Prozessen, die Wissenschaft, Technik, Sitte oder Künste hervorbrachten. Sie war die Gegenseite zu geschaffenen sozialen oder materiellen Lebensbedingungen. Mit dieser Trennung einher ging das Bedürfnis, das Wilde zu zähmen, zu überwinden und zu zivilisieren. Wildnis war der zu erobernde, unbesiedelte, unwegsame Raum. Je nachdem, wie man nun die Auswirkungen von Zivilisation und Kultur einschätzt, ändert sich das Bild von Wildnis, und damit erklärt sich vielleicht schon, weshalb wir heute nicht mehr zuerst an »das Böse« denken, wenn der Begriff Wildnis auftaucht. Auch heute noch ist Wildnis eine Gegenwelt, doch diese wird mitunter schon eigentümlich sehnsuchtsvoll verklärt.

Immer häufiger verbinden Menschen mit Wildnis Freiheit, Ungebundenheit, Echtheit. Die ungezähmte Natur wird zur Herausforderung, zum lockenden Abenteuer, zur positiv besetzten Anderswelt. Wer das nicht glaubt, braucht nur einmal die Zeitschriften in einer Bahnhofsbuchhandlung danach abzusuchen oder einen der zahlreichen Imagefilme von Outdoorausrüstern anzuschauen. Unglaublich, was da alles inszeniert und für die Zuschauer daheim zugänglich gemacht wird. Deshalb widmen wir dem Thema »Lockruf der Wildnis« auch ein extra Kapitel.

In der vom Bundesumweltministerium 2014 durchgeführten Naturbewusstseinsstudie wurden die Deutschen erstmals über ihr Verhältnis zum Thema Wildnis befragt. Die Ergebnisse: Knapp zwei Drittel der Deutschen mögen die Natur umso mehr, je wilder sie ist. Der Wunsch, mit Wildnis in Berührung zu kommen ist enorm groß. Die überwiegende Mehrheit will, dass Wildnis für Menschen zugänglich ist, und nehmen für diesen Zugang auch entsprechende Wildnisschutzregelungen in Kauf.

Bundesumweltministerin Barbara Hendricks sagte bei der Präsentation der Studie: »Wilde Natur ist nicht nur für Tiere und Pflanzen unverzichtbar, sondern auch für uns Menschen. Die Deutschen sind Naturliebhaber. Das gibt uns Rückenwind für unsere Ziele, der Natur wieder mehr Flächen zurückzugeben.«[16] Und diese Ziele sind recht beachtlich. Deutschland möchte bis zum Jahr 2020 auf zwei Prozent der Landesfläche großräumige Wildnisgebiete einrichten, in denen die Natur freigelassen wird und sich ohne menschliche Störungen entwickeln darf. 2007 wurde die Nationale Strategie zur Biologischen Vielfalt mit 330 Zielen und rund 430 Maßnahmen für einen Zeitraum von 13 Jahren von der Bundesregierung gesetzt. Verbindlich sind die Ziele allerdings nicht. Also können wir gespannt sein, wie wild Deutschland tatsächlich werden wird.

Wenn man bedenkt, dass die bisher 16 deutschen Nationalparks derzeit gerade einmal 0,6 Prozent der Bundesfläche einnehmen, so wird klar, dass wir in Deutschland im Prinzip keine Wildnis mehr haben. Dies schreibt der Autor und Journalist Walter Schmidt in seinem Artikel »Naturschutz: Mehr Wildnis hierzulande heißt: mehr Nationalparke«. Seiner Recherche nach scheint das in Ländern wie den Niederlanden, der Tschechischen Republik oder Österreich, die drei Prozent der Staatsfläche als Nationalpark ausweisen, weit besser zu gelingen.

Die Weltnaturschutzunion IUCN (International Union for Conservation of Nature and Natural Resources) definiert Wildnis als »ausgedehnte ursprüngliche oder (nur) leicht veränderte Gebiete, die ihren natürlichen Charakter bewahrt haben, in denen keine ständigen oder bedeutenden Siedlungen existieren; Schutz und Management dienen dazu, den natürlichen Zustand zu erhalten«. Wildnis wird in zwei Kategorien beschrieben: als ökologische Forschungskategorie und als Naturschutzkategorie für die Erholung sowie Bildung des Menschen. Wildnis ist demnach sinnvoll, schützenswert und nützlich für uns Menschen. So weit, so gut.

Interessanterweise haben indigene Völker überhaupt keinen Begriff für Wildnis in ihrem Sprachgebrauch. Warum auch? Für sie ist die sie umgebende Natur immer Heimat und nicht das Fremde. Der Begriff Wildnis sagt etwas über uns aus, die wir ihn nutzen. Für alle, die in einem zivilisierten, kulturell geordneten Umfeld leben, ist die Wildnis ein Kontrastbegriff. Wollen wir uns ihr nähern, dann müssen wir bereit sein, aus dem sicheren kulturellen Raum herauszutreten, uns dem Fremden zu öffnen und Verantwortung für unser Tun zu übernehmen. Da ist Offenheit, Mut, Neugier gefragt und das ist letztlich die Wildnis, die in unserem Kopf beginnt. Folglich können wir den Worten der Wildnispädagogin Fokken nur zustimmen, wenn diese fordert: »Wir brauchen Wildnis im Kopf und biologische Vielfalt im Wald.«[17]

Wir wissen intuitiv oder aus praktischer Erfahrung, dass es sich lohnt, rauszugehen und damit innerlich aufzutanken.

Wildniskraft – der »Einfach-raus-Effekt«

Rachel und Stephen Kaplan, Forscher und Psychologen an der Universität von Michigan, arbeiten seit Jahren daran, zu entschlüsseln, was genau das »Draußensein«, das Rausgehen in die Wildnis für eine gesundheitliche Wirkung auf uns Menschen hat. Dabei haben sie als größten Effekt das sogenannte *being away* benannt.

Wir nennen es den »Einfach-raus-Effekt«. Sie kennen dieses Gefühl sicherlich auch aus Ihrer eigenen Erfahrung. Schon eine Stunde Spaziergang im Wald mit Blick auf dichtes Grün in unterschiedlichsten Schattierungen, wiegende Tannen im Wind, raschelnde Blätter in einem Laubwald, ein Bussard, der seine Kreise über der Lichtung zieht, oder sogar der Blick auf einige Rehe in der Dämmerung am Feldrand – und Sie vergessen den letzten Quartalsbericht, den Ärger mit den Kindern, die Sorgen um die Arbeit oder die innere To-do-Liste.

Wir wissen intuitiv oder aus praktischer Erfahrung, dass es sich lohnt, rauszugehen und damit innerlich aufzutanken. Aus der Natur kommt man tatsächlich anders zurück, als man hineingegangen ist. Die Forschungen bestätigen, dass ein Mensch, der sich gezielt in die Weite der Natur begibt, für diese Zeit vieles hinter sich lässt, was ihn bedrückt und beeinflusst: menschliche Bewertungen, die Einflüsse der Konsumwelt, die digitalen Netzwerke, eigene Rollen und die Erwartungen anderer. Schon vor 20 Jahren stießen die Kaplans auf eine interessante Beobachtung, die mittlerweile unter dem Namen ART (Attention Restoration Theory) bekannt ist. Basis dafür ist die auf den amerikanischen Psychologen William James zurückreichende Erkenntnis, dass unser Gehirn zwei unterschiedliche Formen der Aufmerksamkeit kennt. Während uns zielgerichtete Aufmerksamkeit mit der Zeit ermüdet, führt die ungerichtete, förmlich aus dem Unterbewusstsein entstehende Konzentration zu einer entspannten Gehirnleistung.

Stellen Sie sich vor, sie sollen über längere Zeit konzentriert, lösungsorientiert oder kreativ arbeiten. Dies allein strengt schon an. Sie werden vermutlich müde werden. Werden Sie dabei noch durch Handyklingeln oder Signaltöne für eingehende Mails gestört und zeitlich unter Druck gesetzt, entsteht eine Stressspirale, die, wenn sie über längere Zeit hinweg andauert, zu chronischen Erschöpfungszuständen führt.

Die Kaplans fanden heraus, dass Menschen sich in der Wildnis auf Wanderungen oder bei Waldspaziergängen mühelos nebenbei konzentrierten. Sie konnten Naturbeobachtungen gut beschreiben, waren also sehr aufmerksam und dennoch regeneriert. Dies lies darauf schließen, dass die nicht fokussierte, unterschwellige Aufmerksamkeit, die durch die Wahrnehmungen der Natur in Gang gesetzt wird, das Gehirn nicht nur entlastet, sondern sogar stärkt. In der Natur gewinnt der Mensch Abstand zu seinem Alltag und zugleich verstärkt sich seine Aufmerksamkeit. Die Aufmerksamkeit (Attention) erneuert, belebt, restauriert (Restoration) sich in der Wildnis. Die Kaplans verwenden dafür den Begriff der Faszination.[18]

Während wir dieses Buch schreiben, nutzen wir ganz gezielt diesen Gehirn-Erneuerungs-Effekt. Wir schöpfen Kraft aus der uns umgebenden Natur. Ich habe noch nie so häufig im Freien am Computer gesessen und Arbeitsplätze in der Natur aufgesucht. Wir haben Plätze auf Holzbänken im Wald, auf Wurzeln am Berghang oder auch auf der Wiese am Seeufer genutzt. Für uns waren es besonders kreative, inspirierende Schreiboasen. Förmlich nebenbei haben wir uns von der Natur faszinieren lassen, wenn plötzlich die Sonne aus den Wolken ein roséfarbenes Himmelsgebilde zauberte, wenn der Ausblick über die steilen Bergflanken bis zum See hinunter möglich war oder ein Otter den Fluss vor uns durchschwamm.
Dass die Natur Menschen fasziniert, kann man schon bei bei den Jüngsten beobachten. Ein Kind, das im offenen Kinderwagen unter einem Baum liegt, wird oft ganz aufmerksam. Das Rascheln und Rauschen, die kleinen Bewegungen der Blätter – alles ist für die Kleinen anziehend. Bei Erwachsenen kommt noch ein Aspekt hinzu, der für uns zur Wildniskraft gehört. Es ist die Demut, das Gefühl, Teil eines größeren Zusammenhanges zu sein, den wir nicht komplett in der Hand halten, managen oder verwalten müssen. Sich ein- und unterordnen zu können, sich in der Kleinheit großartig zu fühlen und dabei ein tiefes Gefühl der Dankbarkeit zu verspüren, kann ein Naturerlebnis viel eher auslösen als beispielsweise der Besuch einer architektonisch interessanten Stadt oder eines Museums.
Die Natur bietet uns einen Raum, in dem andere Dinge Bedeutung gewinnen. Je wilder, das heißt, je gegensätzlicher, menschlich unberührter oder unerschlossener eine Gegend ist, desto tiefer können die damit verbundenen Erfahrungen sein.
Ein »Solo«, wie es Wildnis- oder Erlebnispädagogen für interessierte Menschen anbieten, wird kaum im Stadtpark stattfinden. Dort, wo die sichtbaren Zeichen der Zivilisation verschwinden, wo Menschen ganz auf sich, ihre Sinne, ihre mentale oder körperliche Kraft angewiesen sind, beginnt der Wirkungsraum der Wildniskraft. Es ist erstaunlich, wie unterschiedlich Menschen sich auf dieses Erleben in Natur- und Wildnisgebieten einlassen.

Wir haben schon erlebt, dass eine Studentin in Tränen ausgebrochen ist und extrem angstvoll nach Gründen gesucht hat, die geplante Outdoornacht unter freiem Himmel im Wald zu vermeiden. Dabei war sie weder allein noch schutzlos einer bedrohlichen Wildnis ausgeliefert. Es ging lediglich um eine Übungserfahrung innerhalb eines erlebnispädagogischen Moduls.

Gestandene Geschäftsleute, Teilnehmer eines Vater-Kind-Camps, waren dagegen tief berührt, kamen mit ihren Kindheitserinnerungen und ungelebten Sehnsüchten in Kontakt, als sie mitten im Wald eine Nacht am Feuer verbringen und unter Sternen einschlafen konnten. Daran wird deutlich, dass heute nicht mehr viele Menschen auf solche existenziellen Erfahrungen in der freien Natur zurückgreifen können. Dabei bieten uns derartige Erlebnisse Eindrücke, die wir intuitiv mit eigenen Lebenserfahrungen kombinieren und als kraftvolle Symbole innerlich abspeichern und nutzen können. Ein Baum, der weit über 100 Jahre alt ist, macht deutlich, dass es Leben vor uns gab und vermutlich auch nach unserem Tod geben wird. Besonders geformte Wurzeln regen an, über eigene Lebenswurzeln zu philosophieren. Dies hilft, aktuelle Probleme zu relativieren und nicht als weltbestimmend zu sehen.

Being away – also weg zu sein von digitalen Verbindungen, weg zu sein von Konsum und Werbeeinflüssen, weg zu sein von dem, was Mann oder Frau normalerweise gerade tut, entlastet ungemein. Rachel und Stephen Kaplan würden es sicher so formulieren: Das Wegsein schafft der Seele wieder Freiraum zur Entfaltung und damit bietet es einen immensen Resilienzeffekt. Die innere Widerstandskraft wird gestärkt und der Mensch kann sich auf das jeweils Wesentliche besinnen. So betrachtet ist ein gezielter Trip in die nähere oder weitere Wildnis ein Reset, eine Erneuerung für Körper und Geist. Einfach raus, um wieder kraftvoll ich selbst zu sein. Genau darauf setzt auch der Engländer Alastair Humphreys, wenn er die Stadt verlässt und das Abenteuer vor der Haustür sucht.

Mikroabenteuer in der Wildnis vor der Haustür

Humphreys hat bereits die Welt mit dem Rad erkundet und Gebirge und Wüsten zu Fuß durchquert. Er kann sich mit Recht Abenteurer und Trekkingexperte nennen. Interessanterweise wurde der Engländer erst bekannt, als er aus dem großen Abenteuer ortsnahe Mini-Abenteuer, sogenannte Micro-Adventures entwickelte. Zum Beispiel wanderte er rund um London, übernachtete im Wald vor der Haustür, ließ sich im Neoprenanzug kleine Flüsse hinabtreiben und empfiehlt das »5 to 9 Adventure«. Also gleich nach dem Büro ab aufs Rad und raus an den Fluss. Dort einen Platz zum Übernachten suchen, Isomatte und Schlafsack ausrollen, den Kaffee auf einem Gaskocher zubereiten und beobachten, wie das die eigene Lebenswahrnehmung verändert. Humphreys stellte fest, dass ein Mikro-Abenteuer die gleichen Mechanismen wie die großen Abenteuer hat, ohne dass man dafür bis ans Ende der Welt fahren und ein Vermögen ausgeben muss. Ein Mensch, der die Wohnung in der Stadt, die Sicherheit und Geborgenheit verlässt, um in die »Wildnis« zu gehen, tut etwas, was für ihn neu oder nicht gerade alltäglich ist. Er erlebt, dass der Horizont weit wird und die Langeweile stirbt. Das Leben wird auf einmal spannender. Humphreys sagt: »Die Schönheit ist immer da draußen.« Mit anderen Worten: Du musst nur starten. Vor allem das Essen bekommt unterwegs eine besondere Wertigkeit. Wer sich bewegt hat, müde und erschöpft ist, für den ist Essen ein Highlight. Es ist Genuss pur, die Sinne sind aktiviert und plötzlich wird Brot zum Brot des Lebens, ein Stück Käse schmilzt förmlich auf der Zunge und klares Wasser wird süffig wie ein guter Wein. Ganz von allein wirst du dankbar für das, was du sonst als Normalität wahrnimmst. Vermutlich haben Sie diese Erfahrung auch schon auf einer längeren Wanderung erlebt. Normalerweise sammeln

»Die Schönheit ist immer da draußen.« Mit anderen Worten: Du musst nur starten.

wir solche Erlebnisse im Urlaub, in einem Naturschutzgebiet oder einer noch ursprünglichen Region. Nicht aber vor der Haustür, wo Autolärm tost, der ausgeschilderte Wanderweg fehlt und überall Spuren von Menschen wahrnehmbar sind.

Was ist denn das für eine Wildnis? Humphreys würde sagen, das Abenteuer macht die Umgebung außergewöhnlich. Natursoziologen sprechen von der urban wilderness, der Wildnis in der Stadt, und meinen damit brache Flächen, aus der Nutzung genommene Wälder, naturbelassene Gewässer. Mittlerweile sehen wir Waschbären, Wildschweine, Fledermäuse und Füchse mitten in der Stadt, wo die Biodiversität mitunter größer ist als im Umland mit seinen bereinigten Agrarflächen. Biologen fasziniert die Artenvielfalt, die sie in großen europäischen Städten beobachten. Von bis zu 10.000 Arten ist die Rede und Berlin scheint mit seinen Brachflächen nach der Wiedervereinigung ein Spitzenreiter zu sein. Gerhard Fitzthum schreibt, dass Zoologen dort 150 Brutvogelarten zählen konnten. Das sind immerhin 50 mehr als im Nationalpark Eifel.[19] Der Begriff Wildnis hat so unterschiedliche Dimensionen, dass es ein Fehler wäre, nur die von Menschen unberührten Gegenden als solche zu bezeichnen. Insofern hat Humphreys allen Grund, die ortsnahen Gegenden als Ziele für Mikro-Abenteuer zu wählen und damit die Wildnis vor die Haustür und wieder hinein in den Alltag zu bringen.

Es geht darum, den Fuß über die Türschwelle zu setzen und sich aufzumachen, eine Spur wilder zu leben. Warum nicht heute starten? Überlegen Sie einmal, wie die Natur hinter Ihrem Haus aussieht. Was erwartet Sie in zwei bis drei Kilometern Entfernung? Gibt es Flussufer, Hügel, Wälder, die Sie besteigen und erobern können? Wir sagen aus eigener Erfahrung, es lohnt sich! Einfach nach der Arbeit ein bisschen Proviant in den Rucksack packen und vom eigenen Haus aus querfeldein losgehen oder mit der U-Bahn einige Stationen hinausfahren, dann irgendwo einen Platz suchen, das Alleinsein genießen, die Natur wahrnehmen, sich stärken und den Sonnenuntergang unter freiem Himmel miterleben, verändert den Tag. Es macht einen Wildnistag aus einem Alltag und Sie werden das Gefühl haben, dass der Tag plötzlich mehr als 24 Stunden hatte. Humphreys, der Mikro-Abenteurer sagt, Abenteurer haben ein Ziel, aber sie sehen dabei das Interessante am Wegesrand. Auf diese geschärfte Aufmerksamkeit kommt es an, denn diese werden Sie ebenso wie die Dankbarkeit und eine Portion Stolz über das gewagte Abenteuer mit nach Hause nehmen.

Draußen daheim – Wunsch und Wirklichkeit

Jedes Mal steigt die Sehnsucht in mir auf, wenn ich an den großformatigen Plakaten vorbeifahre. Da steht leuchtend ein kleines Iglu-Zelt vor einem grandiosen Naturpanorama. Ich kann förmlich den Duft von Erde und Grasnarbe riechen. Ich möchte den Wind in den Haaren spüren und im Kopf nichts als die Frage haben: »Wohin laufen wir morgen?« Oder: »Wo werden wir heute Abend schlafen und haben wir ausreichend trockenes Holz für das Feuer?« Alles andere wäre dann unwichtig. Ich wäre vollkommen zufrieden, fern der täglichen Routine, frei von Termin- oder Prüfungsstress. Ich wäre genau das, was der Werbeslogan neben dem Zelt verheißt: draußen zu Hause!

Die Werbetexter von heute sind Könner auf ihrem Gebiet. Sie analysieren Trends und die geheimen Wünsche der Konsumenten, spitzen die Botschaft sehr klar auf eine Zielgruppe zu und treffen recht oft mitten ins Schwarze. In dem Fall mitten in den Geldbeutel der Menschen, die es hinauszieht in die Natur, die gerne wandern oder auf Trekkingtouren gehen.

Der Outdoorausstatter Jack Wolfskin steht hinter der Kampagne. »Wir glauben an die Macht der Träume. Träume von Freiheit, Unabhängigkeit, Glück«, so die Philosophie auf der Website von Jack Wolfskin. Und Firmenchefin Melody Harris-Jensbach erklärt: »Das Thema ›Draußen zu Hause‹ verbindet sich mit tollen Erlebnissen und wundervollen Outdoor-Momenten.« Wir stimmen ihr da absolut zu, auch wenn wir natürlich überzeugt davon sind, dass das nicht nur in Jack-Wolfskin-Ausrüstung möglich ist. Zumal es im Internet erheiternde Statistiken gibt, die zeigen, dass die typischen Träger der Marken-Outdoorkleidung überwiegend Campingurlaub im High-Tech-Wohnmobil mit computergesteuerter Innenraumklimatisierung machen oder Pauschalreisen mit deutscher Reiseleitung buchen und nur zu einem Bruchteil tatsächliche individualreisende Trekking-urlauber sind. Leider lässt sich das nicht mit einer Quelle belegen, doch wenn man gängige Tourismusmessen oder die »TourNatur« mit immerhin 40.000 Besuchern in Düsseldorf betrachtet, dann drängt sich der Verdacht auf, dass die Besucher zwar gerne hochwertige Outdoorkleidung und damit die Sehnsucht nach Wildnis auf der Haut tragen, doch dabei nicht auf Sicherheit und ihre geordnete Welt verzichten möchten. Es ist geschäftsfördernd, die Sehnsucht der Menschen zu nutzen.

Auch Schöffel beispielsweise wirbt verlockend damit, einfach rauszugehen und zeigt in einem Werbespot den »Power-Nappern, Indoor-Steppern, Facebook-Farmern« die verhüllte Goretex-Schulter. Die Frage ist, in welchem Verhältnis Wunsch und Wirklichkeit stehen, wenn es darum geht, der Wildnis und Natur unmittelbar zu begegnen. Die Wildnis lockt mit der Verheißung von Freiheit, Abenteuer und einer ganz neuen Selbstwahrnehmung. Es gibt eine Reihe von Männern und auch Frauen, die sich auf diesen Lockruf eingelassen und damit ihr Leben verändert haben.

Lockruf der Wildnis

Gerade mal 29 Jahre alt war Jack London, als er 1903 mit seinem Buch »The Call of the Wild« (Der Ruf der Wildnis) zuerst berühmt und dann reich wurde. Genau genommen war die faszinierende Beschreibung der rauen Wildnis Alaskas nur die Kulisse für Londons Erzählung über den Goldrausch Anfang des 20. Jahrhunderts. Aus der Sicht des Hundes Buck beschrieb der junge Autor die Wildnis des Nordens, die Gier der Menschen und die charakterlichen Wandlungen, die das Leben in dieser einsamen, unwirtlichen Weite mit sich brachte. Die Leser fühlten sich von der Echtheit der Beschreibungen in den Bann gezogen, als ob sie selbst in Alaska dabei gewesen wären. Kein Wunder, denn Jack Griffith London hatte mit 29 Jahren schon mehr durchgemacht als mancher in seinem ganzen Leben.

Bereits als 14-Jähriger arbeitete er oft mehr als 14 Stunden in einer Konservenfabrik. Aus diesem sinnlosen Dasein, wie er es nannte, versuchte er auszubrechen. London lieh sich Geld, kaufte eine alte Schaluppe und ging als »Frisco Kid« im Meer vor San Franzisko auf Austernfang, besser gesagt auf Austernraub. Später trampte er auf abenteuerliche Weise mit der Eisenbahn durch das Land, schlug sich bis nach Alaska durch, arbeitete zwischendurch und versuchte immer wieder, als Schriftsteller seine Geschichten zu verkaufen. Oft völlig erfolglos.

»Alles, was ich wollte, war ein ruhiger Platz auf dem Land zum Schreiben und Leben in der Natur, dieses Etwas, was uns allen fehlt, von dem aber kaum einer etwas weiß.« JACK LONDON

Jack London war unbequem, unbeugsam, unerschrocken. Seine Neugier schien unstillbar und seine kreative Geisteskraft war ungewöhnlich. Nebenbei schien er eine unbesiegbare körperliche Vitalität zu haben. Heute würde man ihm Resilienz, die seelische Kraft eines Stehaufmännchens, in höchstem Maße bescheinigen. Erinnern Sie sich an die Definitionsversuche von Wildnis und den Bezug zu den »un«-Wörtern. Sie passen direkt auf Jack London, der diese Wildnis lebte und nicht nur beschrieb.

Und genau dies ist das Faszinierende. Wir sehnen uns nach Echtheit und Unmittelbarkeit und haben gleichzeitig Angst davor. Wildnis ist ein Ort symbolischer, aber auch realer Freiheit. Hier ist der Druck der Zivilisation weit weg. Es zählt der einzelne Mensch mit seinen Fähigkeiten. Hier helfen Scheckkarte und Status wenig weiter.

Je wilder die Gegend, je existenzbedrohender die Erlebnisse, desto unbedeutender die gesellschaftliche Rangordnung. Dort draußen wird sich zeigen, wer du wirklich bist.

Diese Sehnsucht, sich selbst zu begegnen und die eigene Wirksamkeit zu spüren, treibt Menschen bis heute genauso in die Berge, das Fjäll, aufs Meer oder in die Wälder. Gerhard Fitzthum, promovierter Geisteswissenschaftler, Autor für »Die Zeit« und begeisterter Naturreiseführer, hat zwei Antworten auf die Frage, warum die Wildnis Menschen trotz aller Beschwernisse anzieht: die Evolution und die Verknappung.

Es ist nicht von der Hand zu weisen, dass evolutionsbiologisch der Savannenbewohner noch in unseren Genen steckt. Dies führt dazu, dass sich der heutige Mensch bei aller Anpassung im städtischen Umfeld und bei aller Technik zwar mit Sicherheit und Komfort umgeben kann, doch dies ganz unterschwellig zu einem Gefühl von Öde oder Unterforderung führt. Hier kommt die Attraktivität der Wildnis, des Abenteuers, des Elementaren ins Spiel. Ich bin Natur – »I am nature«, so heißt ein sehenswerter Werbeclip des WWF (World Wide Fund for Nature), einer der größten Umweltschutzorganisationen der Welt. Er thematisiert, dass der Mensch mehr ist als seine Arbeit, sein Facebook-Profil oder nur ein Rädchen im Getriebe. Er ist ein Teil dieser Natur und braucht immer wieder elementare, grundsätzliche Lebenserfahrungen, durch die seine Sinne aktiviert und seine Beweglichkeit gefordert werden.

Die Logik der Verknappung meint, dass die pure Wildnis immer weniger und intakte Naturgebiete seltener werden. Dieser Seltenheitswert verstärkt die Anziehungskraft solcher Regionen.

Je mehr wir uns von der Natur entfremden, umso steiler ist die Karriere des Wildnisbegriffes. Es ist die Gegenwelt, die lockt und zu einem Neo-Nature-Boom führt. Doch kann das Boomen der Outdoorbranche nicht darüber hinwegtäuschen, dass es einen Widerspruch zwischen der hohen gesellschaftlichen Zustimmung zum Wert der unberührten Natur einerseits und dem tatsächlichen

Hinausgehen in die Natur andererseits gibt. Wenn Freizeit im Freien, dann wollen viele der Naturliebhaber ein wunderbar wanderbares Land mit präzise ausgeschilderten Wegen und mit überschaubarem Risiko, nicht aber das, was mit Wilderness zu beschreiben ist. In der amerikanischen Rechtsauffassung ist Wilderness ein geschütztes Gut. Dort ist der Mensch ein Gast der Lebensgemeinschaft von Tieren und Pflanzen. Er darf sich nur zu Fuß auf oft schmalen Trails bewegen und kann dort nicht dauerhaft verweilen. In der Wilderness besteht auch keine Verkehrssicherungspflicht. Also muss jeder selbst mit Gefahren und bedrohlichen Situationen klarkommen. Solche Voraussetzungen zeigen, dass man eine gewisse Vorbereitung braucht, um sich der Wildnis zu nähern. Der Wunsch allein reicht nicht aus. Ist also die wilde Natur nur etwas für Menschen, die sich wetterfeste Outdoorkleidung, Bergführer und GPS-Geräte leisten können?

Wir fanden es erstaunlich zu lesen, dass Alexander von Humboldt, der bekannte Naturforscher und einer der letzten deutschen Universalgelehrten, nichts von alledem hatte, als er 1802 den 6.000 Meter hohen Chimborazo in Ecuador bestieg. Dieser galt damals als höchster Berg der Welt. 600 Meter unter dem Gipfel musste Humboldt zwar wegen unpassierbaren Felsspalten umkehren, dennoch ist es unglaublich, dass er diese Tour ohne Wanderschuhe, Trekkinghose und winddichte Goretex-Jacke bewältigt hat.

Je mehr wir uns von der Natur entfremden, umso steiler ist die Karriere des Wildnisbegriffes.

Zeichnungen zeigen ihn in der damals gängigen Stadtmode mit schwarzem Frack, weißer Halsbinde, Rokoko-Stiefelchen und Hut auf dem Kopf. Auch wenn Humboldt nicht die heute übliche Ausrüstung hatte, besaß er offensichtlich etwas, was man braucht, um in der Wildnis zurechtzukommen, und das können wir uns noch heute von ihm abschauen. Er bereitete seine Touren sorgfältig vor, war gut informiert, kannte seine körperlichen Stärken und Schwächen, war erfüllt von Entdeckerfreude und bereit, Strapazen auf sich zu nehmen und auf Luxus und Gewohnheiten zu verzichten.

So ein Mensch kann anziehen was er möchte. Er wird in der Umwelt klarkommen, sich anpassen und sich draußen zu Hause fühlen. Wer sich Wildniserfahrungen nicht nur wünscht, sondern diese wirklich erleben will, braucht diese innere Haltung. Denn Wildnis beginnt im Kopf, und gute Outdoorkleidung oder das nötige Equipment ist nicht mehr als eine wunderbare Ergänzung. Abenteurer Alastair Humphreys hat für sich den Grundsatz, lieber etwas zu benutzen, was man schon besitzt, als viel Geld für eine teure Ausrüstung auszugeben. Das genügt, um die Erfahrung zu machen: »Ich habe erst vor einigen Stunden den Wald verlassen. Ich war nicht weit weg von zu Hause, doch war ich weit von der Gesellschaft entfernt.«[20]

Das Wilderness-Prinzip des Lebens

Wer in eine wilde, vom Menschen unbewohnte Natur hinausgeht, wird sensibler hinsehen und hinhören müssen, will er unverletzt seine Wege gehen. Da beginnt die Selbstverantwortung, da hören Bequemlichkeit und Sicherheit der Kulturlandschaft auf. Wer die Wildnis vor der Haustür sucht, sucht zugleich ein Stück Freiheit. Er will wirksam werden, aktiv eigene Wege suchen und die eigenen Grenzen erleben, um sich besser einschätzen zu können.

So wie John Muir, ein amerikanischer Naturwissenschaftler, Geologe und Schriftsteller. Er nutzte die Einsamkeit in den Bergen und Wäldern Kaliforniens, um daraus Kraft und Schaffensfreude zu ziehen. Muir war beeindruckt von dieser großartigen Natur. Er entwickelte sich immer mehr vom Naturforscher zum Naturschützer. Muir gründete 1892 die heute noch bestehende Naturschutzorganisation Sierra Club und weckte mit seinen Schriften und seinem Engagement sogar das unmittelbare Interesse des damaligen Präsidenten Theodor Roosevelt. 1903 kündigte Roosevelt tatsächlich seinen Besuch bei Muir an, der ihm die Schönheit der wilden Natur des Yosemite State Parks aus erster Hand zeigen sollte. Muir muss erstaunt, wenn nicht enttäuscht gewesen sein, als schließlich der Präsidententross mit mehr als 30 Personen Leibgarde, persönlichem Sekretär, dem Gouverneur von Kalifornien, Fotografen und Journalisten eintraf. So kann man keine Wildnis erleben! Doch Roosevelt hatte einen Geheimplan. Ein großes Empfangsessen zu Ehren des Präsidenten wurde veranstaltet und es gelang Roosevelt, sich am späteren Abend klammheimlich mit Muir davonzustehlen. Es wird berichtet, Muir und Roosevelt hätten die Nacht über unter einem der großen Sequoia-Bäume am knisternden Feuer gesessen. Und es müssen gute Gespräche gewesen sein, denn die beiden Männer verband ab diesem Zeitpunkt eine tiefe gegenseitige Achtung und Freundschaft. Vielleicht haben sie sich über die Prinzipien der Wilderness unterhalten und darüber, wie die Kraft der Wildnis Menschen stark im Leben machen kann. Muir wusste, dass, will man ein Gebiet nachhaltig schützen und fördern, sodass echte Wilderness entsteht, mindestens vier Aspekte zu beachten sind:

»Jage deinem Leben nach. Genieße das Land, doch besitze es nicht. Sei mit Entschlossenheit, was du bist. Vereinfache dein Leben. Tu, was du wirklich liebst.«
HENRY DAVID THOREAU

1. Wilderness verlangt Zurückhaltung. Der Mensch entscheidet sich, diese Gegend nicht wirtschaftlich zu nutzen.
2. Wilderness verlangt Vertrauen. Der Mensch lässt Prozesse und Wachstum zu, im Wissen, dass es ein sich selbst regulierendes System ist.
3. Wilderness heißt Verantwortung übernehmen. Der Mensch muss sich seiner Schritte in der Wildnis bewusst sein und ist dort nur ein Gast von Pflanzen und Tieren
4. Wilderness heißt begrenzte Erreichbarkeit. Es darf in einer Wilderness keine Straßen oder befestigten Wege geben. Wer sich in die Wilderness begibt, der muss die eigenen Beine nutzen und soll keine Spuren hinterlassen.

Genau dies taten die beiden Männer am nächsten Morgen. Sie besuchten den Yosemite Park, campten mit Zelten nahe des spektakulären Glacier Point und saßen am Abend erneut am Feuer. Für einen Präsidenten muss das schon ein recht außergewöhnlicher Ausflug gewesen sein. Frischer Neuschnee, funkelnd wie Kristall, setzte dem Ganzen am nächsten Morgen die Krone auf. Roosevelt, der die letzten acht Wochen davor mit über 200 Vorträgen durch das Land getourt war, kam innerlich zur Ruhe, konnte mit Abstand betrachten, was für ihn wesentlich war, und sagte später über diese 24-Stunden-Auszeit in der Wildnis: »Es war der beste Tag in meinem Leben!«

Nur drei Jahre später beschloss der Kongress auf Betreiben von Theodor Roosevelt eine Umwandlung des Yosemite State Parks in den Yosemite National Park und stellte damit diese großartige wilde Natur unter einen besonderen Schutz.

Ich weiß aus eigener Erfahrung, dass Wildnisbegeisterung ansteckt. Immerhin habe ich dieses Jahr schon zum vierten Mal an der Seite von Olaf im »Hotel 1000 Sterne«, wie wir die Übernachtung unter freiem Himmel nennen, geschlafen. Etliche Abende haben wir die Bürotür hinter uns zugeschlossen, sind hinausgefahren an den See und haben bis zum Sonnenuntergang darüber philosophiert, wie sich die Kraft der Wildnis als eine Kraft zum Leben nutzen lässt.

Vier Thesen haben wir analog zu den Wilderness-Regeln entwickelt. Sie bilden ein Wilderness-Prinzip des Lebens, mit dem sich Lebenskraft bewahren lässt.

WILDERNESS-PRINZIP 1: ZURÜCKHALTUNG

Gönne dir Zeit zum Nicht-Tun. Sei zurückhaltend, nimm wahr, genieße das Sein, nicht das Tun.

WILDERNESS-PRINZIP 2: VERTRAUEN

Wage es, loszulassen und zu vertrauen. Von der Wildnis lernen wir, dass nicht alles machbar ist. Wachstum braucht Raum. Du bist ein Teil des Größeren, dies ermöglicht Demut.

WILDERNESS-PRINZIP 3: VERANTWORTUNG

Übernimm Verantwortung. Sei dir deiner Schritte und Handlungen bewusst. Schenke deiner Mitwelt Beachtung und Respekt. Wir sind miteinander verbunden und voneinander abhängig.

WILDERNESS-PRINZIP 4: ERREICHBARKEIT

Erschwere die Erreichbarkeit. Du musst nicht immer online und erreichbar sein. Begrenze die Außenkontakte und schaffe dir einen Zeitraum, der nur dir gehört.

So wie es begrenzte Wildnisgebiete neben den Kulturgebieten gibt, brauchen wir auch im Leben bestimmte Grenzen und Schutzzonen für unsere Seele, in denen sich die Persönlichkeit weiterentwickeln kann. Es liegt bei jedem von uns, ob wir uns diese ermöglichen.

Coaching to go

Wagen Sie ein »Einfach-raus-Abenteuer«

Packen Sie das Abendessen heute als Picknick. Suchen Sie sich einen Platz, der möglichst einsam gelegen ist. Egal ob Wiese, Parkbank, Flussufer, Hügel. Nehmen Sie ein Sitzkissen mit, sodass Sie entspannt eine Weile dort sitzen und den Geräuschen lauschen können. Bleiben Sie bis zum Sonnenuntergang.
Vielleicht mögen Sie einen Satz über diesen Abend aufschreiben. Hängen Sie ihn sichtbar über den Computer, Schreibtisch oder neben die Eingangstür.

Wildnisnacht

Das ist eine Aktion für mutige Menschen, die sich dem Thema Wildnis sehr offen nähern. Packen Sie sich Schlafsack, Isomatte, einen Biwaksack als Regenschutz, Wasser oder Tee in der Thermoskanne, ein stärkendes Vesper und eine Stirn- oder Taschenlampe in den Rucksack. Wagen Sie dieses Mikroabenteuer und schlafen Sie eine Nacht unter freiem Himmel.
Es gibt Plätze, für die man sich die Zustimmung der Besitzer einholen kann, wie zum Beispiel die Wiese hinter einer Scheune, einsam gelegene Naturfreundehütten oder ausgewiesene Boofen (Felsgrotten) in der Sächsischen Schweiz. Dort schlafen Sie ruhiger, weil erlaubterweise.

Wildnis ins Wohnzimmer holen

Für alle, die sich dem Thema Wildnis vom Kopf und vom Sofa aus nähern wollen: Schauen Sie sich den Film »Into the Wild«an. Sean Penn verfilmt die Geschichte des 24-jährigen Chris McCandless und dessen Suche nach sich selbst und den Werten der Gesellschaft in der Wildnis Alaskas.

Wilde Wege wählen

Wildnis beginnt im Kopf, wenn Sie einmal einen anderen als den gewohnten Weg wählen. Gut auszuprobieren im nächsten größeren Park oder Wald. Gehen Sie eine Strecke querwaldein. Gehen Sie bewusst, aufmerksam und achten Sie auf Tiere und Pflanzen. Dies erfordert die Konzentration auf den Moment, verhindert Grübelfallen, verstärkt Ihre Wahrnehmung und fordert Ihren Ortssinn. Achten Sie dennoch darauf, dass Sie sich nicht verlaufen und orientieren Sie sich an markanten Punkten oder vorher auf einer Karte.

Deutschland eine Spur wilder machen

GESPRÄCH MIT WOLFGANG SCHLUND

So stellt man sich einen Naturpark-Ranger vor: wacher Blick, wettergebräunte Haut, ein fester Handschlag, überlegte Bewegungen und draußen zu Hause. Wolfgang Schlund hat die Ärmel seines safarigrünen Hemdes lässig hochgekrempelt. An der Brusttasche ist der Schriftzug »Nationalpark Schwarzwald« eingestickt. Der Leiter des ersten baden-württembergischen Nationalparks hat keine Chefallüren, obwohl er ein Team von 80 Mitarbeitern führt und promovierter Biologe ist. Wolfgang Schlund liebt, was er tut. Er will den Schwarzwald »eine Spur wilder« machen, auch wenn das zeitweise extrem herausfordernd ist. Die letzten Jahre war er unermüdlich unterwegs, um in zahlreichen Veranstaltungen für die Weiterentwicklung des Naturparks hin zum Nationalpark Schwarzwald zu werben. Das war harte Überzeugungsarbeit – besonders bei den eingesessenen Schwarzwälder Holzbauern und Sägewerksbesitzern. Man könnte meinen, es sei leichter, seitdem der Nationalpark am 1. Januar 2014 gegründet wurde. Doch es gibt neue Hürden bürokratischer Art. Jetzt kann es vielen nicht schnell genug gehen, dass Wegerechte geklärt, Broschüren entwickelt und Programme für zahlreiche Ansprüche entwickelt werden. Wolfgang Schlund scheint Kraft aus der Wildnis zu gewinnen, die er mit seinem Ranger- und Mitarbeiterteam ganz offiziell schützen und gestalten soll.

Auf der Passhöhe Ruhestein in unmittelbarer Nähe zur Schwarzwaldhochstraße hat er sein Büro im ersten Stock des Besucherzentrums des Nationalparks. Ein heller Schreibtisch aus massivem Holz, ein imposanter präparierter Auerhahn auf einem Ast an der Wand daneben und der Ausblick auf Himmel und den gegenüberliegenden Waldhang lassen erkennen, dass ihm die Atmosphäre bei seiner Arbeit wichtig ist. Im Besprechungszimmer steht schon das Schwarzwälder Mineralwasser bereit, doch dann fragt Wolfgang Schlund: »Wollen wir uns hier oder draußen unterhalten?« Keine Minute haben wir gezögert. Einfach raus!

Der Holzstapel hinterm Haus hat die Wärme des Tages gespeichert und bietet eine gute Kulisse für unser intensives Gespräch, bei dem wir gelernt haben, dass Wildnis nicht irgendwo da draußen ist, sondern in uns beginnt. »Die wahre Wildnis ist in dir und ist sie nicht in deinem Kopf, so ist sie nirgendwo«, wie Wolfgang Schlund sagt.

Herr Schlund, wie sind Sie eigentlich zu Ihrem Beruf gekommen?

Ich war schon als Kind in der Natur zu Hause. Bei uns im Jagsttal bin ich jeden Tag draußen gewesen, habe die Wiesen und den Wald durchstreift. Meine Eltern sagten immer: »Bei dem Bub gibt es keinen Monat, in dem er nicht in der Jagst baden war.« Ich gebe zu, das stimmt, wenn es auch nicht immer freiwillig war. Für mich gab es drei Traumberufe: Förster, Schriftsteller, Biologe. Ich habe entschieden, in Tübingen Biologie zu studieren, war auf etlichen Trekkingreisen in der Welt unterwegs und bin schließlich hier im Schwarzwald angekommen. Wenn ich es genau betrachte, dann habe ich heute von jedem meiner Traumberufe etwas in meiner Tätigkeit, und deshalb liebe ich, was ich tue.

Sie hüten und gestalten hier im Nordschwarzwald ein Stück Wildnis mit. Wie beschreiben Sie selbst Wildnis?

Wildnis ist kein Fachbegriff für einen Biologen. Es ist eher ein umgangssprachliches Wort, ein Modewort heutzutage. Wir wollen den Nationalpark von einer Kultur- zu einer Naturlandschaft hin entwickeln. Verwildern lassen wäre das richtige Wort. Es beschreibt einen Prozess. Ich denke, es geht darum, Flächen zu schaffen oder festzulegen, in denen man die Spuren des wirtschaftenden Menschen nicht (mehr) sieht. Wir wollen ja nicht die Menschen aus dem Wald heraushalten, wie das zu Beginn der Nationalparkbewegung zum Beispiel im Yellowstone-Park in den USA gemacht wurde. Der Mensch gehört zur Natur und muss diese betreten dürfen. Doch seine Spuren soll man in der Wildnis möglichst nicht bemerken. Wildnis ist der Bereich, wo die Natur mit ihren Gesetzmäßigkeiten herrschen darf.

Warum glauben Sie, tut Wildnis Menschen gut?
Aktuell führen unsere Sozialwissenschaftlerinnen eine Befragung zum Thema Wildnis durch. Da werden häufig Begriffe wie Abenteuer, Freiheit, Angst, aber auch Weite und Ursprünglichkeit mit Wildnis assoziiert. Ich denke, Wildnis kann Menschen nur dann guttun, wenn sie sich darauf einlassen können.
Wir erleben es immer wieder, dass sich vor allem Kinder und Jugendliche von der Natur ansprechen und auf ganz eigene Wege führen lassen. Ein Projekt mit jungen Mädchen aus einem Heim für schwer erziehbare Jugendliche wäre im Vorfeld beinahe gescheitert, weil man befürchtete, dass die Mädchen aus einem Gebiet ohne Absperrungen sofort abhauen würden. Es trat genau das Gegenteil ein. Niemand wollte das Waldcamp verlassen, sondern die Jugendlichen fühlten sich in der Natur befreit und angenommen auf eine ganz neue Weise. »I survived Westcoast-Trail« steht auf den Shirts, die Wanderer stolz tragen, wenn sie die Wildnis der westkanadischen Küstenregion wieder verlassen. Die meisten von ihnen fühlen sich innerlich stärker. Sie wachsen an der Herausforderung, die ihnen die Natur stellt. Das Gleiche kann man auch hier direkt vor der Haustür großer Städte erleben.
Der alte Begriff des Bannwalds beschreibt eine Wirkung der Wildnis recht deutlich. Wir bannen die Nutzung, den menschlichen Einfluss. Heute bannt ein Natur- oder Wildniscamp oftmals den Einfluss von Internet und digitalen Netzen. Das zieht förmlich auf positive Weise in den Bann und tut Menschen gut.

Was kann uns der wilde Wald lehren?

Demut. Er lehrt uns, dass nicht alles machbar ist, dass sich Natur ihren Weg sucht und bahnt. Dass wir Menschen nur ein Teil des Ganzen sind. Immerhin hat der Wald entgegen aller Prognosen das Waldsterben überlebt, ganz unabhängig von unseren wohlmeinenden Schutzmaßnahmen.

Der wilde, ursprüngliche Wald lehrt uns, dass sich verschiedene Arten ergänzen und gegenseitig nützen. Da stehen alte neben jungen Bäumen. Totholz bietet neuen Lebensraum für Pflanzen und Tiere. Die Vielfalt von Büschen, Laub- und Nadelhölzern ist bereichernd. In einem Wirtschaftswald ist alles klassifiziert und wird auf einen Nutzwert hin beurteilt.

Der wilde Wald bietet uns ein lebendiges Bild für Annahme, Freiheit, Wachstumskraft und Erneuerung. Er schafft einen exzellenten Rahmen für Achtsamkeit. Ich bitte Gruppen auf dem Steilstück eines Weges hinunter zum Wildsee immer darum, schweigend allein zu gehen und sich auf den Weg und die Natur auszurichten. Es ist faszinierend, was die Menschen im Anschluss über ihre Beobachtungen erzählen können – vom Spechtloch oder Baumhöhlen bis hin zu unterschiedlichen Pilzarten oder Tierbeobachtungen werden plötzlich die kleinen Dinge ganz groß.

Wie können Menschen die geschützte Wildnis des Nationalparks hier nutzen?

Wir haben beispielsweise eine dreißig Hektar große Fläche Wald mit Wiese und Bach, auf der Besucher die Möglichkeit haben, Hütten aus Zweigen zu bauen, Bäche zu stauen, sich eigene Wege zu suchen. Voraussetzung für diese Nutzung ist, dass nach dem Verlassen des Gebietes alles zurückgebaut wird, so dass man keine Spuren mehr sieht. Das setzt eine hohe Verantwortung und Selbststeuerung voraus, doch wir haben schon sehr gute Erfahrungen gemacht mit unserem Naturcamp, in dem Gruppen übernachten und Feuer machen dürfen. Dieses Camp ist oft schon langfristig von Familien oder Gruppen ausgebucht. Daran sehen wir, dass wir einen Bedarf treffen. Zusammen mit dem Naturpark, der den Nationalpark großräumig umgibt, möchten wir künftig zwei bis vier Plätze ausweisen, die ein Trekking durch Naturpark und Nationalpark ermöglichen. Schon jetzt gibt es natürlich schöne Wandertrails zu attraktiven Plätzen wie zum Beispiel dem Wildsee.

Sie haben hier ein Waldklassenzimmer. Was kann man sich denn darunter vorstellen?
Es ist ein Waldstück mit einem gewundenen Weg und vielen Lernmöglichkeiten. Wir begleiten Schulklassen in dieses »Klassenzimmer«. Die Schülerinnen und Schüler lernen die Natur direkt zu begreifen. Das Einzige, was es dort nicht gibt, ist eine Tafel oder Kreide oder Internet. Wir setzen auf eigene Erfahrungen und Begeisterung als Lernmotivation.
Für mich ist es ein großer Erfolg, wenn die Kids einen Weg – wie beispielsweise den Lotharpfad – so toll finden und von der Natur so fasziniert sind, dass sie ihn gleich noch einmal laufen wollen, unerheblich davon, ob die trendigen Turnschuhe schlammig werden.

Wer einen Nationalpark leitet, vor allem wenn dieser noch in den Kinderschuhen steckt, hat viel Gegenwind auszuhalten. Was gibt Ihnen die Kraft für diese Arbeit?
Ich habe die tiefe Überzeugung, dass das, was wir tun, für jetzt und für die künftige Generation das Richtige ist. Wir brauchen in unserer technisierten, schnelllebigen Welt Ruhe und Kraft und Kreativität. Dies alles kann uns der Wald geben oder es verstärken. Der Wildwald gibt den hiesigen Arten Spiel- und Wachstumsraum. Wir ermöglichen es damit der Schöpfung, ihrem eigenen Lauf zu folgen. Wir lassen Evolution zu.
Aus dem, wie das die Natur macht, können wir Menschen nur lernen. Als Biologe nehme ich immer wieder staunend wahr, dass das natürliche System einen weitaus größeren Puffer hat als angenommen. Das ist

beruhigend. Wenn mich Besucher hier fragen: »Wie soll sich der Wald weiter entwickeln?«, dann antworte ich gerne: »Wie er will!«

Einfach raus! Welche Gedanken entstehen bei Ihnen zu diesem Impuls?
Freiheit. Alles mal loslassen dürfen, wo ich Verantwortung habe. Kein Anruf, keine Verwaltung, kein geregelter Alltag. Ich mache mir manchmal bewusst, dass ich jederzeit auch etwas anderes tun kann. Das gibt mir die Freiheit zu bleiben.

Gibt es für Sie solche »Einfach raus!«-Momente?
Ja! Ich laufe jeden Morgen vor der Arbeit mit unserem Hund im Wald. Sonntagmorgens gehen wir als Familie manchmal schon um sieben Uhr los und wandern durch den Nationalpark direkt vor der Haustür. Aktuell freue ich mich auf drei Wochen Flusstrekking auf der Loire. Da kann ich die Arbeit total vergessen. Dort ist die zentrale Aufgabe nicht das Ziel, sondern der Weg. Dann sind die bewegenden Fragen: »Wo stelle ich mein Zelt am Abend auf?« oder »Was gibt es heute zu essen?«. Auf das Elementare des Lebens zurückzukommen ist so erholsam.

Dr. Wolfgang Schlund, Naturschutzexperte und promovierter Biologe, baute das Naturschutzzentrum am Ruhestein im Schwarzwald auf. Seit 2014 ist er einer der beiden Leiter des neu geschaffenen Nationalparks Schwarzwald. Wolfgang Schlund lebt in Seebach im nördlichen Schwarzwald.

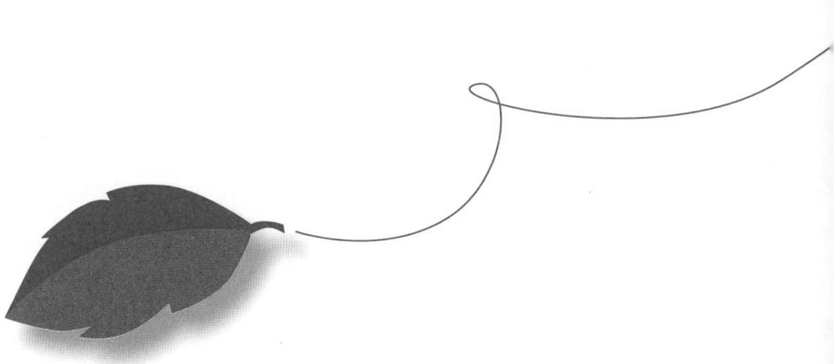

KAPITEL 4

Raus aus der Krankheit

Nutzen Sie die Heilkraft der Natur

Ein heilsames Ritual

Es war Ende November. Die kühlen und nebligen Herbsttage lockten uns nicht ins Freie. Außerdem gab es auch so genug zu tun. Arbeitstermine häuften sich, Elternabende und die Aussicht auf viele Aktionen in der Vorweihnachtszeit raubten uns die Kraft für entspannte abendliche Spaziergänge oder morgendliche Joggingrunden. Wir igelten uns auf dem Sofa ein, zumal Olaf sich mächtig erkältet und einen tiefen Husten ausgebrütet hatte. »Wird schon werden!«, das war die Devise. Doch es wurde nicht. Im Januar hustete Olaf immer noch. Er hatte den Gedanken ans Joggen längst begraben, alle verfügbaren Hustenmittel bereits ausprobiert und wurde zusehends unzufriedener. Für ihn ist das Laufen ein wichtiger Ausgleich. Fehlt es, fehlt ein Stück Lebensfreude und Energie. So konnte es nicht weitergehen. Schließlich wurde der Arzt konsultiert, das Antibiotikum geschluckt und der Topf zum Inhalieren fleißig eingesetzt. Alles ohne sichtbare Wirkung.
Die Gesundheit verschlechterte sich und der Arzt wurde immer ratloser. Schließlich kam der Tag, an dem er offen sagte: »Ich komme bei Ihnen nicht weiter. Es ist keine Lungenentzündung, aber kurz davor, und keine meiner Therapien hat bisher Wirkung gezeigt. Ich bin am Ende meines Wissens und meiner Möglichkeiten.«
Es fühlt sich merkwürdig an, wenn ein Arzt so etwas sagt. Wir sind es gewohnt, Hilfe zu bekommen, eine Lösung zu sehen, getreu dem Motto »Da muss doch irgendwas helfen«. Doch jetzt war der Patient ausgemustert und stand vor der Qual der Wahl. Entweder einen weiteren Spezialisten aufsuchen, eine neue Therapie beginnen oder mutlos aufgeben. Olaf wählte einen ganz eigenen Weg.
Er überlegte sich, was ihm bisher Lebensenergie, Fitness und gute Laune gegeben hatte. Das waren die Läufe im Wald, das Draußensein, die Kraft der Natur. Joggen kam nicht infrage, doch zumindest Spaziergänge in gemächlichem Tempo auf der alten Joggingstrecke durch den Wald, die waren möglich. Und so begann er ein Ritual, was uns seither schon viele Jahre begleitet: morgendliche Waldspaziergänge.

Heute haben wir einen Hund, sodass sich die Frage nach dem Spaziergang bei Wind und Wetter nicht stellt. Da lässt sich maximal über die Länge reden. Doch damals gab es keinen Hund und keinen Druck von außen.

Es war eine sehr bewusste, selbst verantwortete Therapie. Jeden Morgen ging Olaf in gemächlichem Tempo eine Stunde durch den Wald, bei Regen, Sonne, Kälte. Wenn ich es einrichten konnte, begleitete ich ihn, und wir spürten beide, dass sich mit den Wochen etwas veränderte. Die morgendlichen Läufe aktivierten und entspannten uns gleichermaßen. Wir beobachteten, wie Knospen praller, das Zwitschern der Vögel intensiver und die Strahlen der Sonne wärmer wurden. Der Frühling kam ins Land. Olaf hustete noch immer, aber die Lebensenergie kam zurück. Mitunter zückte er, kaum ins Haus gekommen, seinen Notizblock, um kreative Ideen festzuhalten, die unterwegs entstanden waren. Er schien immer eine Spur kraftvoller aus dem Wald zurückzukommen als er losgelaufen war. Ich bewunderte seine Disziplin und gute Routine. Der morgendliche Waldlauf war ein fixer Bestandteil des Tages geworden und andere Termine mussten sich daran orientieren. So schleichend, wie die hartnäckige Krankheit gekommen war, ging sie irgendwann im Sommer auch weg. Man könnte sagen, sie ging von allein. Wir wissen es besser.

Die Natur des Menschen stärken

Schon vor 2.000 Jahren legten Anhänger des Taoismus in China erste Gewächshäuser und blühende Gärten an. Sie wollten damit die Gesundheit der Menschen stärken. Auch Hippokrates von Kos, der wohl bekannteste Arzt der Antike, wusste 400 vor Christus die Kraft der Natur für den Prozess der Heilung zu schätzen. Hippokrates ging entgegen dem Denken seiner Zeit nicht davon aus, dass böse Geister schuld an Krankheiten sind, sondern ein körperliches Ungleichgewicht. Er betrachtete seine Patienten ganzheitlich. Im

Verständnis des Hippokrates war es die Natur, die den Menschen heilt. Die Aufgabe des Arztes bestand seiner Meinung nach darin, die Natur des Menschen in ihrer Heilkraft nach besten Kräften zu unterstützen. Hippokrates sah den Mensch als ein natürliches Wesen, dessen Selbstheilungskräfte durch den Aufenthalt in der freien Natur gestärkt werden.

»Es ist die Natur, die Kranke heilt.«
HIPPOKRATES, 460–370 V.CHR.

Diese Naturkraft zu nutzen war auch das Ansinnen der Mönche und Nonnen, die ungefähr 800 nach Christus in ihren Klöstergärten erstmals Heilkräuter anbauten und kultivierten. Die sorgsam gepflegten, parkähnlichen Anlagen sollten darüber hinaus die psychische Kraft der Menschen stärken.

Hildegard von Bingen, die Benediktinerin und Äbtissin, kluge Theologin, ganzheitliche Heilkundige, Philosophin und Musikerin prägte im 12. Jahrhundert den Begriff der Viriditas, der Grünkraft. Sie beschreibt diese Grünkraft als Lebenskraft, Heilkraft, Gotteskraft. Auch für Hildegard hängt körperliche Gesundheit mit innerem Seelenfrieden zusammen. Wer mit sich, mit Gott, mit der Welt im Einklang ist, der ist weniger anfällig für Krankheiten. Hildegard war eine aufmerksame Beobachterin der Natur. Sie erforschte die heilende Wirkung der Pflanzen, beschrieb diese detailliert und nahm im Unterschied zu anderen Klöstern der damaligen Zeit auch heimische Kräuter in die Vielfalt des Klostergartens auf. Quendel, eine wilde Form des Thymians, wurde gegen Kopfschmerzen genutzt, Schafgarbe gegen Blähungen, gelbe Frauenminze, um Fieber zu senken und Menstruationsbeschwerden zu lindern. Hildegard sah Menschen, Tiere, Steine und Pflanzen in einer großen Symphonie, die einander brauchen, stützen und nutzen können. Vermutlich wäre sie heute eine streitbare Frau, die ihr komplexes Bewusstsein für ökologische Zusammenhänge einsetzen würde, um uns zu sagen, dass wir den Ast, auf dem wir sitzen, vorsätzlich absägen, wenn wir weiterhin die Natur so ausplündern und missachten.

Hildegard beschrieb Grünkraft als eine grundsätzliche Kraft, die Tieren, Pflanzen, Menschen, ja dem gesamten Kosmos innewohnt. Grünkraft ist ein Sinnbild für die Kraft zum Blühen, Wachsen, Früchte tragen und kann durch zu viel Anspannung geschwächt werden. Gleichzeitig kann diese Viriditas durch Aufenthalt und Bewegung in der Natur bewahrt oder gefördert werden. Ihre ganzheitliche und spirituelle Lebensweise kombiniert mit dem Wissen um die Heilkraft der Natur führte dazu, dass Hildegard, was im Mittelalter sehr ungewöhnlich war, stolze 81 Jahre alt und schon bald als Heilige verehrt wurde. Sechs Säulen der Gesundheit benannte Hildegard:

1. Heilmittel sind überall in der Natur.
2. Ernähre dich ausgewogen.
3. Achte auf Bewegung und Ruhe in Ausgewogenheit.
4. Halte den Schlaf-Wach-Rhythmus ein.
5. Ausleiten und Entgiften sind für den Körper wichtig.
6. Seelische Reinigung ist die Grundlage für körperliche Gesundheit.

Für Hildegard war klar, dass Gesundheit immer eine seelisch-geistige und eine körperliche Dimension hat. Wer gesunden möchte, muss beides beachten. Aktuelle Erkenntnisse der Resilienzforschungen, also der Suche nach dem, was Menschen trotz Krisen seelisch stark und widerstandsfähig macht, ähneln dem, was Hildegard mit Grünkraft beschreibt. Es geht immer darum, eigene Ressourcen zu sehen und diese zu aktivieren, zum Beispiel durch den Aufenthalt in der Natur. Damit werden Erfahrungen der Selbstwirksamkeit verstärkt und grundsätzlich die Hoffnung auf Veränderung wachgehalten.
Wir haben nicht schlecht gestaunt, als wir in der Königlichen Kristalltherme in Hohenschwanstein einen speziellen »Hildegard-Aufguss« in der Sauna erlebten. Die Gäste erhielten einen informativen Kurzvortrag über die Heilansätze der Benediktinerin. Dann bekam jeder Gast einige Tropfen ätherischen Öls zum Einreiben des Brustraums, um die Bronchien zu stärken. Der Duft war intensiv und wohltuend.

Im nachfolgenden dampfenden, schwitzenden Schweigen haben wir darüber nachgedacht, wieso dieses jahrhundertealte Wissen nicht grundsätzlich in heutigen Gesundheitssystemen genutzt wird, sondern oft in der esoterisch angehauchten Ecke landet. So viele Menschen sehnen sich nach seelischer Balance und körperlicher Gesundheit. Dafür brauchen wir nicht immer kostspielige Therapien und Kuraufenthalte. Wir konnten herrlich entspannen in dieser Sauna, mit guten Düften, dem Blick auf die Allgäuer Berge, grüne Wiesen und die untergehende Sonne. Man muss kein Wissenschaftler sein, der die Natur in Moleküle zerlegt, um zu spüren, dass Wasser, Wärme und die Elemente der Natur dem körperlichen Wohlbefinden dienen. Lavendelöl wirkt, wird es eingerieben, gegen Ängste. Es fördert aufs Kopfkissen geträufelt den Schlaf. Menschen, die regelmäßig in der freien Natur laufen, spazieren oder joggen, fühlen sich deutlich besser als Sportler, die auf dem Laufband oder in der Turnhalle trainieren.
Wer viel im Freien ist und Zugang zur Natur hat, ist psychisch stabiler und körperlich gesünder. Das haben Menschen schon seit vielen Jahrhunderten beobachtet. Dort draußen gewinnen wir neue Kraft. Vielleicht genau diese Grünkraft. Doch draußen in Anbetracht vieler Halbwahrheiten, Philosophien und Lehrmeinungen stellt sich die Frage, ob dieses ganze Wissen von der Heilkraft der Natur eine Ahnung oder eine wirkliche Tatsache ist.

Natur heilt!
Von der Theorie zur Tatsache

Seit den 1980er-Jahren forschen Psychologen intensiv zu dem Zusammenhang von Natur, Umwelt und Gesundheit. Interessanterweise gibt es auf der Seite der Deutschen Gesellschaft für Psychologie e.V. zwar einen Eintrag zur Umweltpsychologie, nicht aber zur Naturpsychologie. Das Lexikon der Psychologie aus dem Spektrum Verlag beschreibt Naturpsychologie als Bezeichnung für

eine Richtung der Psychologie, die sich Naturwahrnehmung bzw. -erlebnissen und deren subjektiven Nachwirkungen (z.B. emotionaler Gewinn durch das Erleben eines Sonnenuntergangs) widmet.
Während sich dieser interdisziplinäre Forschungszweig in Deutschland erst noch etabliert, gibt es längst aufschlussreiche Erkenntnisse japanischer, amerikanischer oder schwedischer Wissenschaftler. Sie analysieren und belegen die Heilwirkung der Natur auf unseren menschlichen Organismus. So wird eine Entwicklung sichtbar von der Erfahrung zur Theorie hin zur Tatsache.
Bereits 1990 führte die Psychologin Frances Kuo von der Universität Illinois Studien durch, die sich auf den Zusammenhang von Wohnlage und Lebensbewältigung bezogen. Dazu befragte und testete sie zufällig ausgewählte Bewohnerinnen eines großen Wohnviertels im südlichen Stadtgebiet von Chicago. Einige der Frauen hatten von ihrer Wohnung aus den Blick auf grüne Gärten, auf begrünte Vorhöfe mit Blumen und Baumbewuchs. Andere schauten unmittelbar auf Parkplätze, asphaltierte Basketballplätze und Straßen. Kuo ließ die Studienteilnehmerinnen psychologische Basistests, Tests zur Wahrnehmung, aber auch Fragebögen über ihren individuellen Umgang mit Alltagsproblemen beantworten. Für alle abgefragten Kategorien fielen die Antworten der Bewohnerinnen mit dem Blick ins Grüne wesentlich positiver aus. Frances Kuo begründet das so, dass der Blick auf die Naturflächen, auf Bäume und Sträucher die Fähigkeit der Menschen erhöht, sich zu konzentrieren und auf wichtige Dinge zu fokussieren. In der Folge resultiert daraus die Fähigkeit, besser mit Herausforderungen des ganz alltäglichen Lebens umzugehen. Anstatt aufgeregt oder ärgerlich zu sein, konnten sich diese Frauen eher beruhigen und entspannen und damit besonnener handeln. Kuo stellte fest, dass die Natur grundsätzlich einen ausgleichenden Effekt auf unser menschliches Gehirn haben muss, der die Konzentration wiederherstellt. Sie zog die Schlussfolgerung, dass natürliche Umgebungen gut für die physische Gesundheit von uns Menschen sind.

Ich selbst habe erlebt, dass in den 365 Tagen, die wir größtenteils in der Natur Westkanadas verbracht haben, meine sonst häufigen Kopfschmerzen einfach verschwunden waren. Natürlich kann dies auch an dem Umstand liegen, keinem Arbeitsdruck ausgesetzt zu sein, doch organisatorisch hatten wir durchaus herausfordernde Zeiten und es war nicht alles nur eine heitere »Urlaubszeit«. Dennoch konnte sich offensichtlich das Gehirn in der Zeit außerhalb von Büro, Stadt und Verkehrslärm im Wald und am See besser regenerieren oder entspannter mit dem umgehen, was uns begegnete. Mit dieser Erfahrung bin ich nicht allein. Untersuchungen wie die von Marc Bergman von der Universität Michigan beispielsweise bestätigen, dass es einen Unterschied für unser körperliches und mentales Wohlbefinden macht, in welcher Umgebung wir uns aufhalten.
Der Psychologe stattete Studenten mit GPS-Sendern aus, sodass die abgefragten Testergebnisse lokalisiert werden konnten. Während eine Versuchsgruppe durch den Wald stromern konnte, sollte sich die Vergleichsgruppe durch belebte, viel befahrene Straßen der Innenstadt bewegen. Die psychologischen Tests bestätigten auch hier, dass die »Naturgruppe« in besserer mentaler Verfassung war. Sie konnte die Tests besser und aufmerksamer absolvieren.
Die Frage, ob man nicht besser aufs Land ziehen sollte, der Gesundheit und Lebensqualität zuliebe, legt sich da nahe. Doch so weit gehen die Aussagen dann doch nicht. Es scheint wichtiger zu sein, dass wir es lernen, die Natur in unser städtisches Leben zu integrieren und sie so oft wie möglich für Aufenthalte zu nutzen.

Mehr Grün in die Stadt

Übrigens war genau dies der Grund für die Anlage großer Parks, wie etwa des New Yorker Centralparks, mit dem Ende des 19. Jahrhunderts eine natürliche Oase zum Spazieren, Reiten und Spielen mitten in der Millionenstadt geschaffen wurde. 250 Hektar Wiesenfläche,

Seen, Bäche, fünf Wasserfälle, alle künstlich errichtet, und mehr als zwanzigtausend Bäume machen diesen Park bis heute zur grünen Insel. Anwohner und Touristen, alle schätzen die Natur inmitten des weitläufigen Häusermeeres. Auch wenn ein Park nicht die umfassende Wirkung der weitläufigen Felder und Wälder außerhalb der Stadt auf einen Menschen hat, so ist es doch ein wichtiger Ort, an dem Grünkraft getankt werden kann. Und damit ist die Anlage solcher Naturzonen inmitten der Städte eine äußerst sinnvolle Investition in die Gesundheit der Menschen, denn weltweit ist zu beobachten, dass die Menschheit zunehmend verstädtert.

Das führt dazu, dass immer weniger Menschen aktive Naturerfahrungen in ihrem Alltag haben. Während 1950 nur 30 Prozent der Weltbevölkerung in Städten lebten, waren es 1970 schon mehr als die Hälfte. Die Prognose liegt derzeit bei 70 Prozent auf das Jahr 2050 bezogen. Die Stadtbevölkerung würde dann auf 6,8 Milliarden Menschen weltweit anwachsen, die in großen Megacities mit mehr als zehn Millionen Einwohnern leben.

Man kann sich leicht vorstellen, dass der Ausblick ins Grüne aus einem Wolkenkratzer recht eingeschränkt ist. Es ist zu befürchten, dass ein soziales Gefälle dazu führen wird, dass sich Menschen aus unteren sozialen Milieus den Zugang zu grünen Terrassen, Balkonen, Wohnparks innerhalb der Stadt nicht leisten können und damit weniger von den Vorteilen einer Begrünung profitieren. Wer aufmerksam beobachtet, dem wird auffallen, dass Wohnviertel mit wohlhabendem Klientel oft deutlich mehr oder größere Grünflächen haben. Nimmt man die Studien der Öko- und Naturpsychologie oder Natursoziologie ernst, dann wird der Architektur grüner Lebensräume für alle Menschen in den kommenden Jahren eine große Bedeutung zukommen.

Nimmt man die Studien der Öko- und Naturpsychologie oder Natursoziologie ernst, dann wird der Architektur grüner Lebensräume für alle Menschen in den kommenden Jahren eine große Bedeutung zukommen.

Pflanzen in der Wohnumgebung, am Arbeitsplatz, in öffentlichen Gebäuden scheinen ein »grüner« Tropfen auf den heißen Stein zu sein, können aber durchaus eine erhebliche Wirkung haben. In Büro- und Klassenräumen, die reichlich mit Pflanzen ausgestattet wurden, reduzierten sich Gesundheitsbeschwerden wie Müdigkeit, Konzentrationsschwierigkeiten, Schleimhautreizungen, während die Zahl der Abwesenheitstage wegen Krankheit deutlich sank. Wenn die Natur für Gesunde zur Steigerung der Abwehrkräfte und des Wohlbefindens so nützlich ist, wie hilfreich kann sie dann erst für Kranke sein?

Natürlich schneller gesund

Ich lag kürzlich nach einer Operation im »Garten-Trakt« eines Krankenhauses. Aus dem Bett konnte ich direkt auf zwei wunderbare große Bäume mit zartgrünen Frühlingsblättern schauen. Und wirklich, der Gedanke, dass es in der Natur ständig Wachsen und Vergehen, Aufbruch nach dem Winter und neue Knospen gibt, gab mir Kraft. Auch wenn ich recht schwach im Bett lag, ich hatte ein Zeichen der Hoffnung vor Augen. Allein der Blick auf diese Bäume gab mir Zuversicht und stärkte den Wunsch, bald wieder selbst unbeschwert durch den Park zu gehen. Leider gab es die Bäume nur auf einer Seite des Krankenhauses – auf der Seite der Privatstation, die ich dank einer Zusatzversicherung in Anspruch nehmen konnte. Ich frage mich, wieso das so sein muss. Wenn doch alles in unserer Gesellschaft immer auf den Nutzwert hin befragt wird, wieso nutzen wir dann die Heilkraft der Natur nicht viel stärker aus und machen sie allen zugänglich? Am fehlenden Wissen kann es nicht liegen. Rainer Brämer, Natursoziologe und Betreiber der informativen Webseiten www.natursoziologie.de sowie www.wanderforschung.de hat zum Beispiel zahlreiche Studien zur gesundheitlichen Wirkung der Natur gesammelt. Er stellt neben vielen eigenen Artikeln ausführliches

Recherchematerial zu weltweiten Studien zur Verfügung. Das ist sehr hilfreich, denn man würde seiner eigenen Erfahrung ohne diese Zahlen, Daten und Fakten misstrauen.

Die wohl bekannteste Studie zur heilenden Kraft der Natur speziell für Kranke basiert auf Untersuchungen von Professor Roger S. Ulrich, Professor an der Texas A&M University, der neun Jahre lang forschte, bevor 1984 seine Erkenntnisse über den Zusammenhang von gesundheitlichen Effekten und der Wirkung der Natur publiziert wurden.

Ulrich untersuchte Menschen im Krankenhaus nach einer Operation. Einige schauten von ihrem Krankenzimmer aus auf Bäume vor dem Fenster, andere lediglich auf die Fassaden von Gebäuden. Die Patienten der »Baumgruppe« wurden schneller gesund, sie brauchten auch deutlich weniger Schmerzmittel oder eine geringere Dosierung davon. Auch postoperative Komplikationen gab es in der »Baumgruppe« erheblich weniger. Das psychische und damit auch das körperliche Wohlbefinden stieg offensichtlich allein durch den Anblick der Natur vor dem Fenster.

Forschungen zeigen auch, dass die Bewegung in der freien Natur und in natürlichen Lichtverhältnissen eine deutlich schmerzlindernde Wirkung hat. Dieser schmerzlindernde Mechanismus besteht aus zwei Faktoren. Einerseits wird durch Sonnenlicht die Ausschüttung des Wohlfühlhormons Serotonin verstärkt. Es hemmt die Übertragung von Schmerzimpulsen im menschlichen Zentralnervensystem. Außerdem führt ein höherer Serotoninspiegel zu entspannteren Gefühlen von Ruhe und Gelassenheit. Damit werden ängstliche oder sorgenvolle Gedankengänge unterdrückt. Zusätzlich lenkt der Aufenthalt in der Natur davon ab, immer nur um die eigene Krankheit oder den Schmerz zu kreisen. Die Aufmerksamkeit wird in der Natur anders gefordert und dem Schmerz wird damit weniger Beachtung geschenkt. Einen enormen Wert haben also neben den Grünpflanzen, Naturbildern an der Wand oder plätschernden Brunnen im Haus gut angelegte Gärten mit Bäumen, Sträuchern, kleinen Bächen oder Seen für die Gesundheit.

Dieses Wissen konsequent im Gesundheitswesen genutzt, könnte enorme Kosten für Medikamente sparen. Die Verweildauer in Krankenhäusern würde sich verkürzen und gewinnen würde nicht nur der einzelne kranke Mensch, sondern wir alle als Gesellschaft.

Gesundheit aus dem Wald

Biophilie lässt sich mit Liebe zum Leben übersetzen. Es ist ein Begriff, der gerade oft zitiert und neu verwendet wird. Im Frühjahr 2015 erschien »Der Biophilia-Effekt«, ein Buch des Biologen Clemens Arvay, in dem er sich auf die Biophilie-These des Harvardprofessors E. O. Wilson bezieht. Wilson stellt die Theorie auf, dass der menschliche Organismus grundsätzlich auf Natur bezogen und dass diese Sehnsucht nach Natur in uns angelegt ist und erfüllt werden muss, wollen wir organisch gesund leben.

Arvay hat nun neben persönlichen Erfahrungen viele unglaublich wissenswerte Details zusammengetragen. Wir alle kennen die Heilwirkung von Pflanzen in Form von Salben, Tees oder ätherischen Ölen. Doch weitgehend unbekannt dürfte es sein, dass Pflanzen zielgerichtete Kommunikationsmoleküle abgeben. Diese, Terpene genannten, sekundären Pflanzenstoffe treten in eine Art Kommunikation mit unserem Immunsystem. Dies ist der Schlüssel zu unserer Gesundheit und fungiert als eine Art »unsichtbare Antenne des Körpers«[21], mit der wir den Wald betreten. Über genau diesen Weg kommunizieren die Terpene mit unserem Körper, was zur Steigerung der Abwehrkräfte führt. Es macht demnach viel Sinn, sich im Wald aufzuhalten, wollen Sie Ihrer Gesundheit etwas Gutes tun.

In Japan ist das Waldbaden (Shirin-Yoku) mittlerweile eine anerkannte Methode der Gesundheitsprävention. Professor Quing Li von der Nippon Medical School in Tokio ist anerkannter Forscher in der jungen Fachdisziplin Forest Medicine. Ihm und seinem Team ist es zu verdanken, dass das Waldbaden auch international immer

mehr Interesse weckt. Als Laie fragt man sich, was genau passiert auf einem gemächlichen Waldspaziergang, dass dieser so heilsam ist?
In etlichen Untersuchungen konnte Li belegen, dass zum Beispiel die Stresshormone Cortisol und Adrenalin durch die Waldaufenthalte nachhaltig gesenkt wurden. Ein Tag im Wald reduzierte bei Männern den Adrenalinspiegel um 30 Prozent, bei Frauen sogar um 50 Prozent. Ein zweiter Tag im Anschluss verbesserte das Ergebnis noch einmal. Außerdem wurde der sogenannte Vagus, der Ruhe-Nerv, der für unsere körperliche Regeneration verantwortlich ist, deutlich aktiviert. Nach einem Tag im Wald erhöhte sich eine spezielle Form der weißen Blutkörperchen, die Killerzellen genannt werden. Sie sind Teil unseres angeborenen Immunsystems. Die Killerzellen entstehen im Knochenmark und haben die Aufgabe, mit Viren infizierte Körperzellen durch Zellgifte zu töten. Damit sorgen sie für die körpereigene Abwehrkraft. Um 40 Prozent stieg die Anzahl dieser natürlichen Killerzellen im Blut von Versuchspersonen, die einen Tag »Waldbaden« waren. Darüber hinaus blieb die Anzahl der Killerzellen nach einem mehrtägigen Waldbaden noch einen Monat lang konstant erhöht. Das heißt, der Aufenthalt im Wald führt nachweisbar dazu, dass Abwehrkräfte erhöht und das Immunsystem gestärkt werden. Es scheint einen direkten Zusammenhang zwischen Erholungseffekt, Stressreduktion, Wohlfühlen und Stärkung körpereigener Systeme zu geben, der im Wald ausgelöst wird.
Professor Quing Li gibt ganz praktische Anwendungsempfehlungen[22] für das japanische Waldbaden, die man auch im europäischen Wald unmittelbar umsetzen kann.

- Bleiben Sie mindestens zwei Stunden im Waldgebiet und schlendern Sie in dieser Zeit eine Strecke von ca. 2,5 Kilometern.
- Verausgaben Sie sich nicht. Verweilen Sie und bauen Sie Pausen ein.

- Trinken Sie währenddessen Tee oder Wasser.
- Planen Sie für eine langfristige Wirkung pro Monat zwei bis drei Tage im Wald mit durchschnittlich vier Stunden Aufenthaltsdauer ein.
- Nutzen Sie die Konzentration der gesundheitsfördernden Terpene. Diese ist am höchsten im Sommer, nach Regen oder bei Nebel und im Inneren eines Waldgebietes.

Wohlgemerkt, das Waldbaden ist weder Allheilmittel noch eine Wundermedizin. Es ist eine Form der Gesundheitsvorsorge. Wer akut krank ist, der kann sich zusätzlich zu seinen Therapien und Medikamenten im Wald oder im Park stärken. Vor allem auch der Aufenthalt an Gewässern ist durch das plätschernde, immerwährende Strömen und Glitzern des Wassers heilsam und entspannend.
Auf die selbstverantwortete Möglichkeit, ins Freie zu gehen und die Kraft der Natur für die eigene Gesundheit zu nutzen, setzen vor allem auch die Skandinavier. »Friluftsliv« heißt die nordische Kultur, Naturerfahrungen für ein ausgeglichenes und gesundes Leben zu nutzen. Vermutlich wissen die Nordländer seit Generationen, dass sie sich für die lange dunkle Jahreszeit im Vorfeld präparieren und die inneren Akkus mit Licht und Naturerfahrungen aufladen müssen. Egal ob man es Waldbaden, Friluftsliv oder anders nennt, wer einmal erkannt hat und wissenschaftlich bestätigt weiß, dass Natur einen enormen Einfluss auf unsere Gesundheit hat, der wird diesen Impuls in sein Leben einbauen. Darüber hinaus zeigen entsprechende Forschungen, dass nicht nur die körperliche, sondern vor allem auch die seelische Kraft durch den Aufenthalt in der freien Natur gefördert wird. Wir können die Natur sozusagen als Co-Psychotherapeuten nutzen und vielleicht manche Stressspirale dadurch selbstständig wieder verlassen.

Die grüne Couch – Heilkraft für die Seele

Am 12. September 2001 nahmen Ranger und Förster in den amerikanischen Nationalparks einen unerwarteten Besucherstrom wahr. Wieso kamen gerade an diesem Tag so viele Menschen in die grünen Oasen? Die Erklärung war einfach. Sie suchten für ihre verstörten Seelen, für die unspezifischen Ängste und den persönlichen Stress, den die Anschläge vom 11. September ausgelöst hatten, intuitiv Trost, Entspannung und Hilfe in der Natur.

Natur entstresst. Allein die vielfältigen Grüntöne beruhigen unser Gehirn. Der Blutdruck sinkt, ebenso wie der Puls. Wer auf rauschende Wildbäche schaut, das Auge über eine Seenfläche schweifen lässt und dem Spiel der kleinen Wellen folgt, wessen Ohren das sanfte Rascheln von Blättern wahrnehmen, der entspannt sich von ganz allein. Die gerichtete Aufmerksamkeit und Konzentrationsfähigkeit erholt sich beim Blick auf Bäume, Flüsse oder Berge. Der Stress- oder Aggressionslevel wird gesenkt, das Wohlbefinden und die Zufriedenheit mit dem eigenen Leben steigen wieder. In der Folge können Menschen ihre belastenden Gedanken aus einer anderen Perspektive sehen. Wer schon einmal nach einem Streit eine Runde durch den Park gelaufen oder nach einer verpatzten Prüfung zum Angeln an den See gegangen ist, der kennt den Effekt dem Ansatz nach. Rachel und Stephen Kaplan haben mit der ART (Attention Restauration Theory) die derzeit überzeugendste Begründung auf diese Reaktion unseres inneren Seelenlebens geliefert.

»Auf jedem Spaziergang in der Natur bekommen wir viel mehr zurück, als wir suchen.« JOHN MUIR

Die mühelose Konzentration, die in der Natur hervorgerufen wird, führt zu einer positiven Faszination. Das Gehirn bekommt angenehme, leicht zu verarbeitende Reize und kann aus dem Stressmodus von allein herausfinden. Demzufolge hat der Kontakt mit Wald und Naturlandschaften drei positive Kern-Effekte.

1. Menschen geraten in eine bessere physische Grundstimmung. Seelische Schwankungen werden ausgeglichen und die Ausschüttung des Hormons Serotonin führt zu einer zuversichtlicheren Sichtweise.
2. Sie können sich besser konzentrieren, auf Erinnerungen zugreifen, Situationen klarer analysieren und damit wieder handlungsfähig werden.
3. Die körperliche Gesundheit in Form von Blutdruck, Herzschlag und Muskelspannung verbessert sich ohne direktes Zutun.

Dabei wirken natürliche Phänomene umso besser, je achtsamer sich eine Person der Natur aussetzt. Ein achtsam wahrgenommener Sonnenauf- oder -untergang kann zur goldenen Stunde eines Tages werden, und wenn jemand an einen Baum gelehnt den Geräuschen des Waldes lauscht, wird er vielleicht den Trost spüren, mit seinem Schmerz oder seinen Sorgen nicht allein, sondern ein Teil dieser ganzen natürlichen Welt zu sein.

Mit Vitamin N gesünder leben

Einer der größten Faktoren für die Entstehung von Krankheit ist chronischer Stress. Dieser bringt unser Hormonsystem und den Stoffwechsel durcheinander. Er schwächt das Immunsystem, führt zu chronischen Entzündungen, bewirkt Schlafstörungen oder Magen-Darm-Beschwerden. Chronischer Stress begünstigt Fettleibigkeit und seelische Erschöpfung. Dabei ist unser Körper eigentlich gut darauf ausgelegt, mit spontanen Stressreaktionen klarzukommen. Wurde evolutionär die Stressreaktion zum Beispiel durch den Angriff von Tieren, Menschen oder durch bedrohliche Naturereignisse ausgelöst, so reagiert heute unser Körper in der gleichen Weise auf Lärm, Autoverkehr, überhöhte Anforderungen, Streit, Termin- und Leistungsdruck oder auf die Reizüberflutung in Großstädten. Viele dieser Reizauslöser sind leider beständig und verhindern, dass das Gehirn und der Körper in den entspannten Ausgangsmodus zurückfinden. Wir bleiben unter einer Daueranspannung und genau diese führt zu den oben genannten Stresssymptomen.

»Wir medikamentieren uns eigentlich selbst mit einem kostengünstigen und außerordentlich angenehmen Arzneiersatz. Nennen wir ihn Vitamin N – wie Natur.«
RICHARD LOUV

Von Richard Louv übernehmen wir den Begriff des »Vitamin N« und meinen damit, dass wir eine Ressource haben, die wir eigenständig dosieren, nutzen und jederzeit anwenden können. Natur bewertet und beurteilt nicht, sie ist einfach da. Dieses entspannte »Ich bin da«-Gefühl kann bei einem Aufenthalt in der Natur auch im Menschen entstehen. Kombiniert mit beruhi-genden Reizen der Natur führt dies zu einer spürbaren Stressreduktion. Das Forscherteam der Kaplans weist darauf hin, dass wir dafür aber nicht irgendwelche Natur brauchen, sondern dass einige Aspekte beachtet werden müssen, will man den Gesundheitseffekt gezielt fördern.

Menschen haben das Bedürfnis, den Überblick zu haben, sich sicher zu fühlen, zu sehen, aber nicht gesehen zu werden, wenn sie sich wirklich entspannen wollen. Daher eignen sich Waldlichtungen, in denen man einen Rundblick hat, Parks mit vielfältigem Baumbestand, Graslandschaften mit Büschen und einzelnen Bäumen oder nach Möglichkeit kleine Anhöhen ganz besonders für die Aufnahme einer Dosis »Vitamin N«. Licht und Töne, Düfte und Ausblick, all dies gibt ein Gesamtpaket an Reizen und Sinneseindrücken, die uns stimulieren und guttun.

Warum setzt sich dieses brisante Wissen nicht viel mehr durch? Vielleicht, weil es zu einfach ist?

Natur ist immer in Bewegung. Wind raschelt durch das Gras, der Fluss strömt, Blätter fallen. Auch wir sind Natur. Wer gesund bleiben oder wieder mehr zu sich selbst und seiner Kraft finden möchte, der weiß spätestens nach diesem Kapitel: Ich muss einfach raus!

Coaching to go

Gehen Sie baden ... in den Wald!

Nutzen Sie die Idee des Waldbadens in Ihrer Umgebung. Gehen Sie gezielt einmal pro Woche für zwei bis drei Stunden gemächlich und achtsam für das, was Ihnen begegnet, durch den Wald. Atmen Sie dabei bewusst tief ein und aus. Stellen Sie sich vor, wie die Terpene Ihr Immunsystem anregen und stärken.

Grün tut gut

Gehen Sie mit dem Blick für das Vorkommen von Vitamin N durch Ihre Wohnung. Haben Sie echte Pflanzen in den Räumen oder auf dem Balkon? Könnten es mehr sein? Gibt eines Ihrer Fenster den Blick ins Grüne frei und ist dieses Fenster frei zugänglich?
Vielleicht können Sie genau dort einen Sessel oder Schreibtisch hinstellen und das Zimmer mit Aussicht öfter nutzen. Selbst großformatige Bilder von Naturlandschaften erzeugen ein größeres Wohlbefinden und entspannen den Betrachter.

Pausen? Aber natürlich!

Es liegt bei Ihnen, zum Beispiel die halbstündige Mittagspause für eine Tageslichtdusche zu nutzen. Regenerieren Sie sich bewusst außerhalb des Büros, der Wohnung, der Mensa oder der Einkaufsstraße. Wo gibt es die nächstliegende grüne Oase?
Schauen Sie mal unter www.fluchtplaninsgruene.de. Eine Idee von Google, um Computer-Begeisterte ins nahe Grün zu lotsen. Schon zehn Minuten in einem natürlichen Umfeld unter freiem Himmel

können Ihnen Kraft für die nächsten Stunden geben und den Stresspegel deutlich senken.

Finden Sie Ihren eigenen Platz

Sie wissen, es kommt darauf an, einen Platz in der nahen Natur aufzusuchen, an dem Sie sich unbeobachtet und sicher fühlen. Es ist hilfreich, wenn Sie von diesem Platz aus einen Blick auf die Umgebung haben. Nur wenn Sie sich dort innerlich wirklich wohl und geborgen fühlen, wird Ihr Körper neue Grünkraft schöpfen.
Suchen Sie bei den nächsten Spaziergängen bewusst Ihre Umgebung nach solch einem Ort ab und testen Sie Parkbänke, Baumstümpfe oder natürliche Plätze.
Nehmen Sie ein kleines, faltbares Sitzkissen aus Schaumstoff mit, welches das Sitzen unabhängig von der Witterung trocken und angenehm macht.

Gesund und draußen

GESPRÄCH MIT SONJA ENDLWEBER

Zierlich und dennoch kraftvoll in sich ruhend stand sie vor einigen hundert Zuschauern im Audimax der TU Chemnitz. Gemeinsam mit ihrem Partner, dem Abenteuerreiter Günter Wamser, berichtete Sonja damals über die zurückliegende vierjährige Tour mit Packpferden von Mexiko quer durch die USA, den Gebirgszügen der Rocky Mountains folgend hinauf zur kanadischen Grenze. Das war vor reichlich fünf Jahren. Inzwischen sind wir uns mehrfach begegnet. Immer waren die Gespräche tief und sinnig. Es macht Freude, Menschen wie Sonja und Günter zu treffen, die mutig ihren Traum leben und eigene Wege gehen.

Sonja saß einige Jahre als Unternehmensberaterin in Wien im Sessel bevor sie den Sattel und die pure Natur wählte. Genau diese Kenntnis zweier Welten ist es, die uns jetzt interessiert. Was hat das Draußen-sein mit dem Gesund-sein zu tun? Was können Menschen in ihrer normalen Alltagswelt von den Erfahrungen einer Grenzgängerin wie Sonja über die Heilkraft der Natur lernen? Wir beschlossen, Sonja zu fragen, und das war ganz schön kompliziert. Denn obwohl sie 2013 die Tour in Alaska beendet haben und inzwischen mit Bild-Vorträgen oft in Deutschland oder in Österreich zu sehen sind, zieht es die beiden Abenteuerreiter regelmäßig hinaus in die Wildnis. Und genau jetzt waren sie wieder einfach raus! Wir konnten sie wochenlang nicht erreichen. Das Manuskript war längst im Endstadium und das Interview mit Sonja stand immer noch aus. Doch drei Tage vor dem Abgabetermin trafen wir uns ... via skype im Internet. Sonja saß morgens um elf Uhr am knisternden Feuer in der Cabin auf einer Ranch irgendwo zwischen Prince George und Mc. Bride am Rand der kanadischen Rockies, wir saßen bei Kerzenlicht auf dem Sofa im heimischen Moritzburg. Wie gut, dass es Technik gibt! Über 7.000 Kilometer hinweg konnten wir darüber sprechen, was dem Körper Heilkraft gibt, welche Erfahrungen Sonja gemacht hat und welche Rolle die Natur dabei spielt.

Sonja, in Kanada haben sich unsere Wege gekreuzt. Damals hast du ganz nebenbei erwähnt, dass du seit Jahren nicht mehr ernsthaft erkrankt bist – ist das auch in den letzten Jahren so geblieben?
Seit etwa acht Jahren bin ich mit Günter und den Pferden in der Wildnis Nordamerikas unterwegs. Während der Monate, die ich in der Natur verbringe, bin ich tatsächlich nie ernsthaft krank geworden, ja ich hatte nicht einmal Schnupfen oder Kopfschmerzen. Anfangs hat mich das gewundert, denn wir sind Regen, Kälte und Schneefall ausgesetzt, waschen uns mit kaltem Flusswasser und schlafen oft bei Minustemperaturen im Zelt. Aber es ist wohl so, dass dieser Lebensstil abhärtet. Man hält viel mehr aus, als man glaubt, und wird nicht so schnell krank, wie man denkt. Das heißt aber nicht, dass ich mich jeden Tag großartig fühle, manchmal wache ich schon mit dem einen oder anderen Wehwehchen auf. Ich bin mittlerweile über 40 und da geht das Schlafen auf dem harten Boden auch an mir nicht spurlos vorüber. Dass wir in der Wildnis keine Erkältung bekommen, liegt wohl auch daran, dass keine anderen Viren- und Bazillenträger da sind, die uns anstecken könnten. Meine Erfahrung ist, dass ich da draußen einfach nicht krank werde. Anfangs hatte ich ein Mittel gegen Erkältungen dabei. Wir haben es nie gebraucht.

Bis 2006 warst du Unternehmensberaterin in Wien. Was hat dazu geführt, dass du einen ganz anderen Weg eingeschlagen hast?
Ich möchte diese Zeit nicht missen! Ich mochte meinen Job, ich mochte die Arbeit mit Menschen, den Ansatz der Beratung, Menschen darin zu unterstützen, ihre Fähigkeiten und ihr Wissen zielgerichtet und effizient einzusetzen. Ich habe die Arbeit in einem jungen und engagierten Team immer sehr geschätzt. Doch für mich waren die

Stunden vor dem Computer in den Räumen der Firma auch mit dem Gefühl verbunden, eingesperrt zu sein. Man sitzt immerzu, statt sich frei zu bewegen. Die Augen starren auf den Bildschirm, statt in die Weite zu sehen. Ich hatte parallel zu meinem Job eine Coaching-Ausbildung absolviert, in der man sich auch selbst intensiv reflektiert. Ich stellte mir die Frage, ob ich sinnvoll und elementar lebe. Es war an der Zeit, etwas Neues zu beginnen, und ich habe es nie bereut.

Wann hat sich deine Begeisterung fürs Draußensein entwickelt?
Ich hatte das Glück, schon meine Kindheit in einem großen Garten und einem noch viel größeren Weingarten zu verbringen. Wir waren eigentlich immer draußen und ich kann mich gut daran erinnern, jeden Abend mit schmutzigen Füßen in der Badewanne geschrubbt worden zu sein. Während meiner Schulzeit habe ich diese Nähe zur Natur ziemlich verloren. Wiederentdeckt habe ich sie erst als junge Erwachsene, als mit Studium und Berufsleben neue Herausforderungen auf mich zukamen. Damals habe ich die Natur erstmals bewusst als Kraftquelle wahrgenommen. Ein Waldlauf früh am Morgen im Wiener Prater war genau das Richtige, um mich auf einen anstrengenden Bürotag vorzubereiten. Jedes Wochenende bin ich bereits im Morgengrauen aufgestanden und in die Berge gefahren. Ausschlafen kann man unter der Woche!
1996 habe ich eine neue Art des Reisens entdeckt. Bis dahin dachte ich, Urlaub bedeutet Nichtstun oder Entspannung am Strand. In diesem Jahr bin ich mit einem Freund durch Neuseeland geradelt und gewandert. Damals habe ich erstmals im Zelt übernachtet. Ich habe schnell erkannt, dass diese Art des Reisens mir viel mehr gibt und einen viel nachhaltigeren Eindruck hinterlässt als jeder Strand- oder Cluburlaub. In den folgenden Jahren habe ich jedes Jahr ein neues Stückchen Erde mit dem Fahrrad oder zu Fuß erkundet. Ich war in vielen Ländern der Welt unterwegs, die Reisen waren sehr unterschiedlich, doch bei allen Reisen war die Nähe zur Natur sehr wichtig für mich

Du liebst die Stadt Wien, die Cafés und die Kultur. Dann wieder bist du monatelang mit einem Mann, einem Hund und vier Pferden in der Wildnis unterwegs, wie passt das zusammen?
Ich liebe die Kontraste. Ich bin überzeugt, es gibt eine Zeit für alles, für Ruhe und Einsamkeit, für Kultur und Geselligkeit. Gerade wenn man Kontraste erlebt, lernt man das, was man hat, erst richtig zu schätzen. Meine Freunde waren mir schon immer wichtig, aber erst jetzt – wo ich sie nur wenige Wochen im Jahr um mich habe – ist mir bewusst geworden, wie sehr ich ihre Freundschaft schätze. Ganz ähnlich ist es mit der Natur und der Kultur. Gut ist es, beides in seinem Leben zu haben. Es muss ja nicht zur selben Zeit sein.

Nun können nicht alle Menschen im Wald leben. Was können Stadtmenschen selbst zum Gesundsein beitragen?
Auch in den Städten gibt es Oasen, und diese sind oft sehr nah. Ich bin immer wieder erstaunt, wie viel Wildnis, wie viele Wildtiere man zum Beispiel in Wien finden kann. Man sollte sich Zeit nehmen für die Natur, für sich selbst. Eine Verabredung mit dem Wienerwald am Sonntagnachmittag, der Donauinsel oder dem Prater am Montag bei Sonnenaufgang kann entstressen, den Horizont weiten, frische Luft, Licht und Bewegung ins Leben bringen.

Was sind die wichtigsten Dinge, die unterwegs in eurer Reiseapotheke unbedingt dabei sein müssen?
Unsere Reiseapotheke habe ich vor acht Jahren gepackt und zum Glück außer ein paar Pflastern nie etwas gebraucht. Wir müssen in der Lage sein, Verletzungen selbst versorgen zu können. Für die Pferde haben wir daher Desinfektionsmittel, eine Wundsalbe und Verbandsmaterial dabei. Und genau dasselbe haben wir auch für uns selbst. Außerdem habe ich z. B. für Zahnschmerzen ein allgemeines Schmerzmittel dabei.

Hast du da draußen in der Weite der wilden Natur etwas gelernt, was du auch in der Zivilisation (falls du mal wieder nach Österreich zurückkommst) unbedingt beibehalten möchtest? Was können wir von euch lernen?

Ich komme immer wieder nach Österreich zurück, sogar sehr gerne. Lernen können wir eine Menge von der Natur. Die Heilkraft besteht schon darin, sich auf eine Sache zu konzentrieren und aufmerksam zu sein. Dort draußen vergisst du das Multitasking. Der Blick fürs Detail wird ebenso schärfer wie der Blick auf sich selbst. Ich spüre eher, was ich brauche, hinterfrage, warum ich so oder so reagiere, und lerne, die Schuld nicht beim anderen zu suchen. Wenn man monatelang nur zu zweit ist, dann kann nicht immer der andere schuld sein – das sieht jeder früher oder später ein. Die Zufriedenheit wird größer, denn ich lerne zu schätzen, was ich habe, und in jeder Situation das Gute zu suchen. Wenn es regnet – na, dann gibt es keine Moskitos! Es ist erstaunlich, mit wie wenig man auskommen kann. Du beginnst, jeden Einkauf zu hinterfragen. Aber es ist auch herrlich, nach monatelanger Wildnis eine heiße Dusche, ein warmes Bett und frisches Obst und Gemüse zu genießen. Ich habe gelernt, diese Selbstverständlichkeiten unserer Zivilisation nicht als selbstverständlich zu nehmen. Wenn ich mich dort draußen als Gast der Pflanzen und Tiere fühle, dann werde ich demütig und gleichzeitig sehr dankbar, Natur pur erleben zu können. Du bist nicht mehr nur auf dich bezogen, sondern ein Teil des großen Ganzen. Dafür braucht es nicht die unendliche Wildnis. Wenn ich meine Familie in der Nähe von Wien besuche, dann führt mich der Weg hinaus auf den kleinen Berg am Ortsrand. Ich muss einfach raus, Wind, Wetter und mich selbst spüren, um gesund und lebensfroh zu bleiben. Vielleicht ist das die beste Medizin, die uns die Natur schenken kann.

Dr. Sonja Endlweber arbeitete als Unternehmensberaterin, Business-Coach und Beraterin in der Entwicklungshilfe in Kambodscha. Von 2007–2013 ritt die Wienerin im Team mit Abenteuerreiter Günter Wamser durch Nordamerika bis nach Alaska. Heute sind die Lebensabenteurer als Autoren und Vortragsreisende unterwegs.

KAPITEL 5

Raus aus der Erschöpfung

Entdecken Sie natürliche Kraftquellen

Ein Weg zeigt sich

Auf diese Woche hatte ich mich lange gefreut. Eine Woche Auszeit im Kloster Münsterschwarzach. Das Programm: nichts essen, viel trinken, viel Zeit haben für Besinnung, Meditation, Stille und mit neuen Kräften zu meiner Familie und meiner Arbeit zurückkehren. Für manche Menschen klingt das horrormäßig, aber für mich war das lockend. Es ist ein Wechsel zwischen zwei Welten. Die Abgeschiedenheit und Ruhe im Kloster und das pralle Leben mit seinem Tempo im Alltag. Wer sich darauf einlassen kann, der staunt, wie viel Zeit plötzlich zur Verfügung steht, welche Themen aufkommen und welche Energie sich auf einmal wieder sammelt. Wir hatten uns einige Monate davor beruflich selbstständig gemacht. Es ist unglaublich, was da plötzlich Neues auf einen einprasselt. Formalitäten mit Behörden klären, Gespräche mit potenziellen Kunden führen, Werbung in eigener Sache machen, den Internetauftritt planen und natürlich die Konzeption und die Inhalte gestalten. Kurzum, eigentlich hatte ich keine Zeit, mich eine Woche zurückzuziehen. Doch wer mit dem Thema Selbstführung und Lebensbalance für andere arbeitet, der sollte sich selbst gut behandeln. Deshalb genoss ich die Tage abseits von Telefon, Computer, Firma und Familie auch sehr bewusst.

In der Fastengruppe waren etliche Menschen, die erzählten, dass diese Woche der Entschlackung und Entschleunigung eine persönliche Notbremse in ihrem Leben sei. Die Kursleiterin bat uns am ersten Tag in einer stillen Phase aufzuschreiben, was wir gerne loslassen, klären, ändern möchten. Vor allem aber sollten wir eine Frage formulieren, auf die wir am Ende der Fastenwoche eine Antwort für uns finden möchten. Ich überlegte lange. Es gab einige Fragen. Die drängendste für mich war die Frage, ob wir weiterhin zu einhundert Prozent auf die Freiberuflichkeit setzen oder ob wir uns Entlastung vom Erfolgsdruck verschaffen und noch einmal einen halben Schritt zurück in eine Teilzeitanstellung gehen sollten. Eigentlich wollte ich aus vollem Herzen selbstständig sein. Andererseits sah ich den Druck,

der daraus entstand, in kürzester Zeit profitabel zu werden. Das Angebot, uns eine Stelle zu teilen und zu fünfzig Prozent als Dozentin an einer Hochschule zu arbeiten, war reizvoll für mich. Aber war es nicht auch ein Schritt zurück und brauchten wir nur etwas mehr Mut, um auf ganz eigenen beruflichen Füßen zu stehen?
Olaf und ich hatten schon viel darüber diskutiert. Eine Lösung gab es nicht. Aber es gab noch einen Aspekt, der mich besonders beschäftigte. Wie wirkt sich das Gefühl des finanziellen »Seiltanzes«, den Selbstständige zumindest in der Anfangsphase bewältigen müssen, auf unsere jüngste Tochter aus? Sie brauchte nach unserer Rückkehr aus dem Sabbatjahr in Kanada hier in Deutschland neue Sicherheit, Geborgenheit und vor allem entspannte Eltern. Was war für uns dran, Sicherheit für das Kind oder die Bereitschaft zum Risiko und zur Selbstständigkeit?
Ich beschloss, diese Frage und die Suche nach einer Entscheidung mit in die Fastenwoche zu nehmen. Wir waren viel im Freien unterwegs, erhielten gute Unterstützung in allen Fragen des Fastens, bekamen neue Impulse für den wachen Geist und ich genoss den Rhythmus des Klosters. Eine Antwort auf meine Frage stellte sich jedoch nicht ein, so sehr ich auch darüber nachdachte. Schließlich, am vorletzten Tag, hatten wir den Nachmittag zur freien Verfügung. Mich zog es zu einem angelegten Labyrinth im weitläufigen Gelände des Klosters. In der Mitte des verschlungenen Weges stand ein wunderschöner, knorriger Olivenbaum. Niemand war zu sehen. Ich hatte den blauen Frühlingshimmel und den schmalen Pfad des Labyrinthes ganz für mich allein.
Es war, als wäre alles für mich vorbereitet und würde darauf warten, dass ich den ersten Schritt tat. Ich empfand eine tiefe innere Ruhe, legte meine Jacke ins Gras und beschloss, vor dem Begehen des Labyrinthes die Stille zu genießen. Eine große Gelassenheit breitete sich in mir aus, nachdem ich eine Weile so gesessen hatte. Innerlich stellte ich meine Frage und verdrängte den Gedanken: »Was mache ich hier eigentlich? Wie soll ich hier eine Antwort bekommen?« Dann

gab es nur noch den Weg und mich. Ganz entspannt, andererseits hellwach begann ich Schritt für Schritt zu gehen. Ein Labyrinth ist kein Irrgarten. Man kann sich nicht verlaufen. Ein Labyrinth lehrt uns, dem Weg zu trauen, Wendungen und Wandlungen des Lebens zu akzeptieren und es führt uns in die Mitte.
Mich führte es an diesem Nachmittag zu der für mich wesentlichen Entscheidung. Als ich nach einiger Zeit des achtsamen Gehens an dem knorrigen Olivenbaum angekommen war, hatte ich das Bedürfnis, die Sonnenstrahlen im Gesicht zu spüren. Ich stand unter dem Baum, hob das Gesicht, fühlte die Wärme und sah plötzlich unmittelbar über mir in den Zweigen ein altes, verwittertes Holzschild. Darauf stand mit groben farbigen Pinselstrichen gemalt: NORA.
»Ja, und?«, fragen Sie sich jetzt sicherlich. Für mich war das keine Frage. Nora ist der Name meiner Tochter, die, um deren Zukunft ich mir Gedanken machte. Ich wusste sofort, was das für uns bedeutete. Es gibt Zeichen, die kann nur der lesen, der danach sucht. Für mich war klar, dass das Kind mit seinen Bedürfnissen nach einem guten Zuhause und Geborgenheit in der Familie jetzt sichtbar in der Mitte aller Überlegungen steht. Es geht nicht mehr um Selbstverwirklichung, um die berufliche Selbstständigkeit. Jetzt jedenfalls nicht. Die Erkenntnis war in meinem Herzen angekommen und half mir, eine gute Entscheidung zu treffen, auch wenn ich niemals verstanden habe, wie dieses Schild mit dem seltenen Namen gerade an diesem Tag dort im Baum hängen konnte. Es bleibt ein wunderbares Zeichen für mich, unabhängig davon, dass man leicht erklärbare Hintergründe dafür finden kann.
Die Natur, das Fasten, die innere Bereitschaft, mir Zeichen auf dem Weg zeigen zu lassen, sie haben mich damals herausgeführt aus der inneren Entscheidungsnot. Auch Olaf kennt solche Erfahrungen und Sie möglicherweise ebenfalls. Deshalb ist es uns ein Anliegen, die spirituelle Kraftquelle Natur in diesem Buch zu beschreiben. Wer festgefahren, erschöpft oder sorgend ist, der will einfach nur raus. Die Natur bietet uns dazu einen Raum, in dem wir neue Kraft schöpfen können.

Das erschöpfte Ich

Als sich Henry David Thoreau am 4. Juli 1845 in ein selbst gebautes, schlichtes Blockhaus am Walden-See südlich des Städtchens Concorde in Massachusetts zurückzog, war es für ihn der Inbegriff von Freiheit. Es war darüber hinaus aber auch ein Experiment.

Thoreau, der um den Tod seines jüngeren Bruders trauert, hat mit dessen Krankheit auch die gemeinsam geführte private Schule aufgegeben. Erschöpft sucht er nach Halt und neuem Sinn in seinem Leben. Thoreau will seine Lebensfreude zurückgewinnen und er will herausfinden, ob das selbstgewählte, einfache, ursprüngliche Leben in unmittelbarer Nähe zur Natur ihm dabei hilft.

Sieben Jahre zuvor gründeten die Brüder gemeinsam eine private Schule, nachdem Thoreau seine erste Stelle verloren hatte, weil er sich weigerte, die damals übliche Prügelstrafe einzusetzen. Thoreau ist Idealist und Philosoph, ist naturverbunden und möchte Kinder auf dem Weg begleiten, selbstverantwortlich zu leben. Also stricken die beiden Brüder ihren eigenen Bildungsplan. Sie halten den Bezug zur Natur für existenziell. Folglich gibt es an ihrer Schule der Überlieferung nach das Fach »Spaziergänge durch die Natur«.

»Tun zu können, was man gerne tut, bedeutet Freiheit. Das gerne zu tun, was man tut, bedeutet Glück.«
HENRY DAVID THOREAU

Als John 1841 an Tuberkulose stirbt, verliert Thoreau nicht nur einen geliebten Menschen, sondern auch seine Lebensfreude. Er ist seelisch erschöpft, sucht nach einem Platz, an dem er einfach bleiben und sich selbst wiederfinden kann. Sein Freund, der Schriftsteller und Philosoph Ralph Waldo Emerson, bietet ihm ein Grundstück am nahegelegenen Walden-See als Zufluchtsort an. Dort kann Thoreau die Blockhütte errichten, einen Acker anlegen und dem Wunsch nachkommen, sich auf einfachste Weise zu ernähren und zu leben. Thoreau selbst beschreibt seine tiefe Sehnsucht so: »Ich ging in die Wälder, denn ich wollte wohlüberlegt leben, intensiv leben wollte ich.

Das Mark des Lebens in mich aufsaugen, um alles auszurotten, was nicht Leben war. Damit ich nicht in der Todesstunde gewahr würde, dass ich gar nicht gelebt hatte.« Wird er sich dort in einfachster Lebensweise, ausgestattet mit dem Nötigsten von der Natur und seiner Hände Arbeit ernähren können?

Zwei Jahre bleibt Thoreau am Walden-See. Er lebt zwar zurückgezogen und für sich, aber nicht isoliert von anderen Menschen. In den Wäldern entwickelt er viele schöpferische Ideen, philosophiert über das Leben, taucht ein in die Natur und schreibt das Buch »Walden«. Es ist sein bekanntestes Werk und inspiriert bis heute viele Menschen, sich die Frage zu stellen, ob sie das Leben leben, das sie sich zu leben wünschen.

Thoreaus Zitate treffen vor allem dort auf offene Ohren, wo Menschen den Kreislauf ihres Tuns als fremdbestimmt oder erschöpfend empfinden. »Warum müssen wir uns wahnsinnig beeilen, Erfolge zu erringen, und wozu stürzen wir uns in solch verzweifelte Unternehmungen? Wenn jemand mit seinen Gefährten nicht Schritt hält, so tut er es vielleicht deshalb nicht, weil er einen andern Trommler hört.« Mit diesen Überlegungen von Thoreau ermutigt Mr. Keating, der charismatische Lehrer im »Club der toten Dichter«, seine Schüler, dem eigenen »Trommler« zu folgen. Auf den eigenen Rhythmus, das Wissen um den eigenen Lebensweg kommt es an. Doch das kostet Kraft und viel Selbstbewusstheit. Der Sog der Masse, das Vergleichen mit anderen und die Erwartungen von außen sind starke Kräfte, die dem entgegenstehen.

Viele Menschen würden sehr gern ihrer ureigensten Stimme wieder mehr folgen. Es wäre, um mit Worten des Benediktiners und geistlichen Beraters Pater Anselm Grün zu sprechen, eine klare Quelle, die der Seele Kraft gibt. Genau diese haben wir dringend nötig.

Kennen Sie auch dieses Gefühl, dass die Kräfte schleichend weniger werden? Wie Wasser in einem Teich, das verdunstet oder im Erdreich versickert, gehen Lebenslust, Kreativität, Zuversicht und Engagement bei Menschen verloren, die unter dem Druck der Fremdbestimmung,

zu hohen eigenen Ansprüchen, stetiger Konkurrenz, immer neuen Vorgaben oder ungeklärten Strukturen leiden.
Woran liegt es, dass die Burnout-Debatte seit Jahren anhält, dass der Anteil der Menschen, die aufgrund psychischer Krankheiten in den frühzeitigen Ruhestand gehen müssen, stetig gestiegen ist? Ist es die Verdichtung der Arbeit? Ist es die Beschleunigung und Digitalisierung, die wohl jeder von uns bemerken kann? Ist es der wirtschaftliche Druck von Wettbewerb, Tempo und Weiterentwicklung, der die Menschen chronisch schwächt? Ja und nein! Der Stressreport der Bundesanstalt für Arbeitsschutz aus dem Jahr 2013 belegt, dass jeder zweite Beschäftigte unter Vergleichzeitigung (Multitasking), Termin- oder Leistungsdruck oder permanenten Störungen während seiner Arbeit leidet.
Alle diese Faktoren sind dazu geeignet, Stress zu erzeugen. Allerdings werden nicht alle Menschen davon krank. Nicht alle fühlen sich getrieben, überfordert und belastet. Die Frage ist, wann ein Zustand zur Belastung wird. Es spielt eine Rolle, wie oft und wie lange ein Mensch diesem Stress ausgesetzt ist. Hat er Möglichkeiten, die Situation zu verstehen, zu gestalten und künftig zu verbessern? Tatsächlich gibt es Faktoren, die wir selbst beeinflussen können, um stabil und handlungsfähig zu bleiben. Wie können wir diese in unserem Leben fördern? Gibt es Menschen, von denen wir lernen können, schwierige Lebensumstände zu bewältigen? Lässt sich aus Thoreaus Experiment schließen, dass das genügsame Leben und der regelmäßige Kontakt zur Natur eine Ressource ist, die jedem Menschen zu neuer Energie und Schaffensfreude verhilft?

Quellen der Kraft

Pater Anselm Grün beschreibt zwei Beobachtungen aus seiner seelsorgerisch begleitenden Arbeit mit Führungskräften. »Erschöpfung hat immer zwei Ursachen: Man hat entweder das eigene Maß überschritten oder aus einer trüben Quelle geschöpft.«[23] Wer das Maß überschreitet, der wird maßlos. Maßlosigkeit bedeutet, dass jemand mit seinen eigenen Grenzen nicht angemessen umgehen kann. Entweder übergeht er Signale, die ihm der Körper sendet, oder er überschätzt sich und sein Können. Das führt zu hohem Druck, denn er wird den Ansprüchen, die er selbst an sich hat, nicht gerecht. Auch wer sein Engagement häufig mit dem Wunsch nach Anerkennung verbindet, der wird immer wieder das eigene Maß überschreiten.

Coaches und Therapeuten beobachten den Zusammenhang: Wer viel gibt, der braucht viel. In sozialen Berufen spricht man vom »Helfersyndrom«. Wer anderen in einem ungesunden, sich selbst verströmenden Maß gibt, der hat meist selbst ein großes Bedürfnis, das er damit zu stillen versucht. Dies kann die Sehnsucht nach Sichtbarkeit, nach Bedeutsamkeit, der Wunsch gebraucht und geliebt zu werden sein. Wenn dieser, oft unbewusst angestrebte Austausch von Leistung und Gegenleistung nicht funktioniert, weil beispielsweise die Arbeit unbeachtet bleibt oder zu wenig wertgeschätzt wird, dann ist die darauf folgende Enttäuschung und der Verlust der Motivation umso größer. Die Person hat das gute Maß für sich selbst längst verloren, hat maßlos gearbeitet, sich engagiert und fühlt sich nun ausgenutzt, ja ausgebrannt.

»Der Mensch hat genug, wovon er leben, und zu wenig, wofür er leben kann.«
VIKTOR FRANKL

Maßlos ist jemand, der pausenlos arbeitet, immer mehrere Projekte und Aufgaben gleichzeitig annimmt, für jeden zu jeder Zeit ansprechbar ist und sich keine privaten Rückzugsräume gönnt. Thomas Bergner, Arzt, Coach und Autor zu Themen des Burnout, schreibt folgerichtig: »Selbst wenn die Berufstätigkeit entscheidend zum Burnout beigetragen hat, haben Heilung und Prävention für den Einzelnen mit dem Beruf wenig zu tun.«[24] Wer maßvoll umgehen möchte mit seinen Kräften, Zeitressourcen oder finanziellen Möglichkeiten, muss lernen, trübe Quellen zu meiden, den Botschaften seines Körpers zu trauen und einem inneren Kompass zu folgen. Was genau versteht der Theologe und Betriebswirt Pater Anselm Grün als trübe Quelle? Immerhin zeichnet sich ja eine Quelle normalerweise durch klares, genießbares und frisches Wasser aus.

Eine trübe Quelle weist auf etwas hin, was dem Leben nicht dienlich ist. Wenn jemand perfektionistisch ist, sich beweisen muss oder alles kontrolliert und nach Anerkennung giert, dann schöpft er aus diesen »trüben Quellen«. Auch mangelnde Selbstsicherheit ist tückisch, denn wer sich seiner selbst nicht sicher ist, der sucht beständig nach Bestätigung bei anderen. Wer sich zu häufig mit anderen vergleicht, wird sich über- oder unterschätzen. Auf jeden Fall fehlt dadurch die Kraft, die für ein fröhliches Leben und selbstbewusstes Arbeiten erforderlich ist.

Doch das ist einfach gesagt, wie oft ertappt man sich selbst dabei, etwas oder jemanden zu bewerten. Psychologen können gut erklären, wieso das passiert. Es verschafft uns Selbstbestätigung und führt dazu, sich selbst besser zu fühlen. Wir meinen, etwas ist gut, weil ich es so sehe, oder es ist schlecht, weil es meinem Maßstab oder meinen Erfahrungen nicht entspricht. Dies bietet eine scheinbare Sicherheit, denn es befriedigt das Denkmuster »Ich habe Recht«. Dabei haben Bewertungen einen großen Nachteil. Sie verhindern es, im Augenblick, im Jetzt zu sein. Das liegt daran, dass wir uns für den Vergleich, den wir zur Bewertung heranziehen, immer vergangener Erfahrungen bedienen. Somit lassen wir vorerst jedenfalls nichts Neues zu. Dabei können die gleichen Beobachtungen zu ganz verschiedenen Aussagen führen. Machen Sie doch einen kleinen Selbsttest. Welches Wort kombinieren Sie auf Anhieb aus diesen fünf Buchstaben: B E L N E?

Nebel oder Leben? Beides ist richtig oder beides ist falsch, je nachdem, wie man es sieht. Wer offen in seiner Wahrnehmung bleibt, dem öffnen sich mehr Denk- oder Handlungsmöglichkeiten. Wir müssen das Bewerten unbedingt aufgeben oder zumindest einschränken, wollen wir diese trübe Quelle meiden. Thomas Bergner empfiehlt dazu die »Ein-Schritt-Methode«: Hör auf damit!

Die trübe Quelle des Perfektionismus ist ebenfalls vielen Menschen wohlvertraut. Wer alles zu einhundert Prozent erledigen möchte oder erst zufrieden ist, wenn eine Sache perfekt funktioniert, braucht vermutlich Sicherheit. Er möchte, dass es auf den Punkt klappt, dass man nichts daran kritisieren kann oder er selbst unangreifbar ist. Tückisch, dieser Wunsch! Denn die meisten Dinge lassen sich nicht zu einhundert Prozent so umsetzen, wie man es gerne hätte. Welche Beziehung ist immer konfliktfrei? Welches Auto fährt absolut zuverlässig? Welche Präsentation mit dem Computer klappt auf die Sekunde und in der Form, wie wir uns das ausgemalt haben? Gibt es die perfekte Hochzeit, die perfekten Kinder, die perfekten Vorgesetzten oder den perfekten Urlaub?

Schon im zweiten Kapitel haben Sie von der 80/20-Regel des Italieners Pareto gelesen. Hier müssen wir diese unbedingt noch einmal ins Bewusstsein rufen. Die Regel besagt, dass, wenn wir circa 80 Prozent des Erreichbaren geschafft haben und weiter nach den perfekten 100 Prozent streben, dann kippt das Verhältnis Aufwand zu Ergebnis ganz dramatisch. Für die noch ausstehenden 20 Prozent werden 80 Prozent der Energie benötigt. Thomas Bergner schreibt von einer Versechzehnfachung der notwendigen Energie pro Ergebniseinheit.[25] Das muss man sich mal vorstellen: sechzehn Mal so viel Energie. Wollen wir das tatsächlich in jedem Fall anstreben? Wäre es nicht wichtig, zu unterscheiden zwischen Aufgaben, die nahezu 100 Prozent erforderlich machen, und Dingen, für die gilt: Gut ist gut genug? Ein Problem von Perfektionisten ist, dass sie erreichbare Ziele von unerreichbaren nicht klar unterscheiden können. Dadurch kommt ein perfektionistisch handelnder Mensch nie zum Ende. Er hat pausenlos zu tun und bringt dabei nicht annähernd so viel Ergebnisse, wie jemand, der die Aufgabe entspannter angeht. Wer immer den Anspruch hat, dass er etwas zu 100 Prozent richtig machen möchte, sucht in der Regel lange nach Argumenten und Informationen für eine Entscheidung.

Die Folge sind lähmende Prozesse, weil eben keine Entscheidung getroffen wird. Ja, es ist riskant, eine unpopuläre Entscheidung zu treffen, denn man macht sich angreifbar. Wer sich für etwas entscheidet, der entscheidet sich gleichzeitig immer gegen etwas. Doch wir verlieren enorm viel Energie, wenn das Grübeln über die Entscheidung zu viel Raum bekommt. Aus diesem perfektionistischen Teufelskreis kommt man nur heraus, wenn man sich bewusst macht, dass sich nicht alles kontrollieren oder machen lässt.

Sie ahnen es, genau hier kommt die Natur ins Spiel. Wie wir aus den zahlreichen Studien der Natursoziologie und Umweltpsychologie wissen, ist das Nicht-Werten eine starke Wahrnehmung, die Menschen in der Natur sofort spüren.

Natur lässt die Vielfalt zu, ja sie produziert und braucht die Diversität, um schön zu sein. Folglich hat das Bewerten hier wenig Sinn. Natur bietet einen Raum zum Sein. Deshalb fühlen sich Menschen in der Natur angenommen, so wie sie sind. Sie dürfen einfach sie selbst sein. Darüber hinaus ist die Schönheit der Natur nicht perfekt, sondern maximal harmonisch. Von dieser Harmonie, von der Ausgewogenheit und Bezogenheit aufeinander, von der Struktur profitieren wir sogar unbewusst, sobald wir uns einfach rausbegeben. Auf den Punkt gebracht: »In der Natur finden wir unsere menschliche Natur wieder.«[26]

So sein, wie ich bin, und mich erst einmal selbst annehmen, ist eine Erfahrung, die sich wesentlich leichter in der Natur als in der Einkaufszone einer Stadt oder in der Gegenwart vieler Menschen machen lässt. Die vielen medialen Reize verführen uns ja geradezu zum Vergleichen, zur Optimierung und führen weg von der inneren Seelenruhe. Dagegen sind die Meeresbrandung, das wogende Kornfeld, die Wiese voller Sonnenblumen oder der blühende Baum im Frühjahr von Harmonie geprägt, die der inneren Ordnung und damit der menschlichen Psyche guttun.

Wir brauchen Kraftquellen, die klar sind und frisches Wasser zum Leben bieten, um im Bild der Quelle zu bleiben. Drei wirksame Quellen möchten wir Ihnen vorstellen, damit sie leichter rausfinden aus Phasen der Erschöpfung oder Kraftlosigkeit.

Kraftquelle Stärke

Über innere Stärke kann man viel lernen, wenn man mit Menschen spricht, die Krisen erlebt haben und daran nicht verzweifelt sind. Sie können uns ermutigen und zeigen, dass es sich lohnt, zu vertrauen, zu suchen und nicht aufzugeben. Wir haben in Kanada einen wunderbaren Mann kennengelernt. Danny, ehemals ein bekannter Rodeoreiter, saß nach einem schweren Sturz vom Pferd im Rollstuhl. Tatsächlich aber, so jedenfalls empfanden wir es, stand er mitten im Leben, denn Danny besann sich auf das, was er außer reiten noch konnte. Er versank nicht im Selbstmitleid, obwohl er objektiv betrachtet allen Grund dazu hatte. Danny lernte das Pokern, gewann Turniere und konnte damit Helfer bezahlen, die ihm seine Ranch führten. Das ist Stärke. Sie hängt mit Hoffnung, Zuversicht und einer realistischen Selbstwahrnehmung zusammen.

»Entschuldige dich nie für etwas, das du gut kannst.«
SERGIO BAMBAREN

Viele Menschen sind sehr zögerlich, wenn wir sie in Seminaren darum bitten, einige ihrer Stärken zu benennen. »Eigenlob stinkt« ist ein tief verinnerlichter Glaubenssatz. Doch wie wollen Sie Ihre Ressourcen nutzen, wenn Sie diese nicht beim Namen nennen? Es geht ja nicht darum, mit den eigenen Stärken zu protzen, sondern diese zu kennen, um sie gezielt mehr ins Spiel zu bringen.

Neulich fragte ich eine Zahnarzthelferin, ob sie ihre Arbeit gern mache. Also, helle Begeisterung sieht anders aus. Doch als ich weiter fragte, ob es etwas in ihrem Arbeitsfeld gibt, was ihr besonders liege und Freude mache, da leuchteten ihre Augen plötzlich auf. Sie erzählte von den kleinen Patienten und dass es ihr gelinge, diesen die Angst vor dem Zahnarztbesuch zu nehmen. Es ist für sie ein richtiges Erfolgserlebnis, wenn so ein Kind beim zweiten Besuch selbstständig auf den Patientenstuhl steigt, weil es Vertrauen gewonnen hat. Diese Frau hat ein unglaubliches Händchen für Kinder. Sie sieht deren Ängste und kann in einer Art mit ihnen umgehen, die pädagogisch und mütterlich zugleich ist. Das ist eine wunderbare Stärke dieser Frau. Wenn sie nun ihre Stärke kennt und diese auch sichtbar macht, dann wird sie vielleicht zur »Kinderspezialistin« in der Praxis und kann damit dem ganzen Team und den Patienten nützlich sein. Welch ein Gewinn für alle Beteiligten! Es lohnt sich also, seine Stärken zu erforschen. Fragen Sie sich immer wieder, worin Sie richtig gut sind, was Ihnen Freude bereitet oder was Ihnen besonders gelingt. So werden Sie Ihre ganz eigene Kraftquelle der Stärke finden.

Kraftquelle Werte

Eine zentrale Grundlage für ein Leben ohne Burnout ist die Integrität oder Glaubwürdigkeit einer Person. Damit ist die Übereinstimmung von Werten und Taten gemeint. Wem es gelingt, das zu leben, woran er glaubt, und das zu tun, wovon er spricht, der wird glaubwürdig. Werte sind eine Form von Leitbildern für unser Handeln. Wenn Sie sich etwas zutiefst wünschen, dann ist dies in der Regel eng verbunden mit einem Wert, den Sie stark verinnerlicht haben.

Fragen Sie sich einmal, was Sie schmerzlich vermissen würden, wenn es das in Ihrem Leben nicht mehr geben würde. Ist es Ihre Gesundheit, sind es die Freunde, die Familie, ist es der Status, das Vermögen, die Freiheit, reisen zu können, oder das gute Essen? So unterschiedlich, wie wir Menschen sind, so verschieden sind auch unsere Werte. Also lassen Sie sich nicht von außen vorschreiben, was Ihnen wertvoll sein sollte. Sonst leben Sie garantiert an Ihren inneren, wirklichen Werten vorbei. In der Antike gab es klassische Werte wie Maß halten, Klugheit, Tapferkeit oder Gerechtigkeit – auch im Sinne von sich selbst gerecht werden. Werte verändern sich mit der Zeit. Auch individuelle Werte sind ständig im Wandel. Das merken Sie, wenn Sie sich bewusst machen, was Ihnen

»Leben Sie, soweit es geht, nach Ihren Werten. Ansonsten schädigen Sie sich selbst.«
THOMAS M. H. BERGNER

vor zehn oder 20 Jahren wesentlich erschien. Die Veränderbarkeit ist eines der Merkmale von Werten. Sie sind flexibel. Sie sind aber auch realistisch, weil wir sie umsetzen und leben wollen. Werte sind wichtiger als der Gewinn für unser Handeln. So kann es passieren, dass jemand, dem Ehrlichkeit oder Nachhaltigkeit ein Wert ist, kurzfristige Nachteile in Kauf nimmt, solange er seinem Werteanspruch gerecht werden kann. Auf lange Sicht wird er damit immer profitieren, denn er gewinnt die oben beschriebene Glaubwürdigkeit für sich selbst und in den Augen anderer. Bergners Zitat vom Anfang umgedreht bedeutet, wer seine Werte kennt und danach lebt, der kann sich selbst vertrauen und ermöglicht anderen Menschen, dass sie ihm trauen können.

Kraftquelle Sinn

Sinn entsteht, wenn ein Mensch etwas Wertvolles in die Welt hineingibt und sie damit zum Besseren verändert oder wendet. Sinn ist die Gewissheit, etwas Eigenes zum großen Ganzen beizutragen. Sinnvoll handeln ist eine Quelle von Selbstwirksamkeit und Medizin gegen jede Art von Depression oder Erschöpfung. Das Zerstörerische in einer bedrohlichen Situation ist der Glaube, diesem Schicksal hoffnungslos ausgeliefert zu sein. Viktor Frankl, der uns als Neurologe, aber vor allem aufgrund seiner Lebensgeschichte beeindruckt, hat als Einziger seiner Familie das Konzentrationslager überlebt. Frankl sagt im Rückblick: Man kann einem Menschen alles nehmen, nicht aber die Freiheit, sich so oder so dazu zu verhalten. Ob ein Mensch an einem Umstand verzweifelt, entscheidet also nicht der Umstand, sondern die persönliche Haltung zu diesem.
Sich selbst in schwierigen beruflichen Situationen oder in persönlichen Krisen zu fragen, inwiefern mir das, was ich gerade erlebe, eine Hilfe, eine Lehre, eine Entwicklung sein kann, hilft, eine hoffende Haltung zu bewahren. Wer für sich die Sinn-Frage beantworten kann, der ist

in der Lage, Krisen zu bestehen und auch wieder neue Lebensfreude zu finden. Der findet tatsächlich einfacher raus aus der Hoffnungs- und Sinnlosigkeit.

Eine Begebenheit, die Frankl selbst erzählte,[27] verdeutlicht das sehr gut. Ein alter Arztkollege suchte Viktor Frankl auf, weil er verzweifelt über den Tod seiner Frau war. Er wusste, dass Frankl sein Leid nicht verändern konnte, doch er erhoffte sich einen Lichtblick in seiner unendlichen Trauer. Frankl fragte den Kollegen: »Was wäre passiert, wenn nicht Ihre Frau, sondern Sie zuerst gestorben wären?« Der alte Herr dachte darüber nach und erkannte, dass es für seine Frau viel schlimmer gewesen wäre, allein weiterleben zu müssen. Dieser Perspektivwechsel brachte Bewegung in seine Gedanken und schenkte ihm einen Funken von Sinn in seiner seelischen Not, sodass er gestärkt aufbrechen konnte.

»Der Mensch hat genug, wovon er leben, und zu wenig, wofür er leben kann.«
VIKTOR FRANKL

Ob ein Mensch seine individuellen Stärken nutzt, seine Werte kennt oder immer wieder nach dem Sinn seines Tuns fragt, bei all diesen Quellen geht es letztlich darum, sich innere Kraftreserven anzulegen, um seelisch widerstandsfähig zu bleiben in Zeiten von Krise oder Krankheit.

Resilienz – Kraft von innen

Wie wird die Seele widerstandsfähig? Kann es trotz schwieriger Lebensumstände gelingen, eine stabile Persönlichkeit zu entwickeln und ein gutes Leben zu führen? Resilienz stammt von lateinisch *resilere* (abprallen) oder englisch *resilience* (Spannkraft, Elastizität). Die Erforschung der menschlichen Resilienz ist eine recht junge Disziplin. Begonnen hat sie vor 60 Jahren mit der »Kauai-Studie« der Entwicklungspsychologin Emmy E. Werner. Kauai, einer der Inseln von

Hawaii, eignete sich perfekt für eine Längsschnittstudie, da die dortigen Insulaner kaum umziehen. Knapp 700 Kinder wurden über 40 Jahre hinweg von dem Forscherteam um Emmy E. Werner wissenschaftlich untersucht, interviewt und getestet. 200 dieser Kinder stammten aus sozial schwachen Familien, die geprägt waren von Armut, Kriminalität, Gewalt und Suchtverhalten der Eltern. Wie erwartet, entwickelten sich viele dieser Kinder problematisch und setzten die Probleme ihrer Herkunftsfamilien fort. Doch zum Erstaunen der Forscher entwickelte sich ein Drittel der Kinder prächtig. Sie wuchsen zu lebenstüchtigen Erwachsenen heran, hatten stabile Beziehungen und beruflichen Erfolg, obwohl sie denkbar schlechte soziale oder wirtschaftliche Ausgangsbedingungen hatten. Daraus schlussfolgerten die Wissenschaftler, dass es seelische Schutzfaktoren geben müsse. Man nannte sie Resilienzfaktoren.

Diese Faktoren tragen offensichtlich dazu bei, dass sich Menschen unter schwierigen Umständen so entwickeln, als ob sie eine Art Schutzschirm der Seele hätten. Könnte man diesen Schutzschirm auch anderen Menschen zugänglich machen, wäre viel gewonnen. Das ist das Anliegen der Erforschung der Resilienz.

Wie gelingt es Menschen, in der Krise die Herausforderung zu sehen, eigene Ressourcen zu nutzen und sich nicht aufzugeben? Unterschieden werden äußere Resilienzfaktoren wie eine stabile, vertrauensvolle Beziehung zu mindestens einer Person, positive Vorbilder, eine unterstützende Familie oder Freundschaften, aber auch eine gute Arbeitskultur der Wertschätzung und Unterstützung in Firmen. Darüber hinaus sind natürlich innere persönliche Haltungen wichtig. Resiliente Menschen glauben, dass sie an ihrer Situation etwas ändern können. Wir nennen das die Erwartung von Selbstwirksamkeit. Sie können eigene Stärken oder Schwächen realistisch einschätzen und akzeptieren, dass es im Leben Hindernisse gibt. Sie versuchen, eine Lösung zu finden, und stecken nicht gleich den Kopf in den Sand.

Sieben Resilienzschlüssel werden in der gängigen Literatur benannt, nämlich Akzeptanz, Optimismus, Selbstwirksamkeit, Verantwortung, soziale Kontaktfähigkeit, Lösungsorientierung und Zukunftsorientierung. Wir haben einige dieser Faktoren ganz bewusst auf ihren Bezug zur Natur hin befragt. Können wir ähnlich wie Thoreau in seinem Walden-Experiment seelische Kräfte ganz gezielt durch die Begegnung mit der Natur aufbauen? Was kann uns die Natur in kleinen Häppchen direkt vor der Haustür bieten, um der Erschöpfung wirksam zu begegnen?

Grüne Resilienz – wie Natur die Seele stärkt

Eine Weisheitsgeschichte aus der Natur macht deutlich, was Resilienz bedeutet:

In einer Oase mitten in der Wüste wuchs eine kleine Palme. Eines Tages kam ein Beduine missmutig gelaunt und vom Leben enttäuscht durch die Oase gelaufen. Er konnte es nicht aushalten, dass der junge Baum sich kerzengerade dem Himmel entgegenreckte. Gehässig nahm er einen schweren Steinbrocken und legte ihn der kleinen Palme mitten in die Blattkrone. »Soll sie mal sehen, wie es ist, mit schweren Dingen klarzukommen«, murmelte er und zog davon. Der junge Baum stöhnte unter der Last. Er glaubte, zerbrechen zu müssen. Er bog sich im Wind und suchte den Stein abzuwerfen. Doch alles Mühen war vergebens. Da krallte der Palmbaum die Wurzeln tief in den Boden, um seinen Halt zu bewahren. Zu seiner großen Überraschung stießen die Wurzeln in der Tiefe auf eine Wasserader. Das Wasser speiste den Baum. Sonne und Wind liebkosten seine Palmwedel. Da stemmte sich die Palme mit ihren Wurzeln gegen die Last und wuchs besonders aufrecht, mit einem starken Stamm empor. Der Stein lag weiter in ihrer Krone, doch er hatte sie nicht brechen können.

»Vögel singen nie in Höhlen.«
HENRY DAVID THOREAU

Aus den Zeichen der Natur, aus der Symbolkraft von Steinen, Planzen, Tieren lässt sich lernen – egal ob in der Wüste oder im Wald. Wer durch den europäischen Wald streift, der kann Bäume sehen, die einen eigenartigen Wuchs haben. Manche haben einen verletzten Stamm und behalten diese Wunde ihr Leben lang. Andere schließen Gegenstände in ihre Borke ein, die nicht dorthin gehören. Wieder andere sind ganz schief, doch sie fallen nicht um, sondern haben sich dem Wind angepasst, der regelmäßig an ihnen rüttelt. Solche Bäume kann man in den Kammlagen der Gebirge oder auch direkt am Meer sehen. Sie sind wunderbare Zeichen für die Kraft des Lebens und man kann sich vorstellen, dass auch wir Menschen eine Kraft besitzen, die uns hilft, uns zu verankern und mit »Gegenwind« umzugehen. Aus solchen Beobachtungen in der Natur speisen sich viele Weisheits- oder Meditationstexte. Der Theologe Pierre Stutz beschreibt einen spirituellen Menschen als einen, der täglich einübt, wahrzunehmen, und sagt: »Die Wahrnehmung ist eine Grundhaltung, die mich auf die göttliche Spur in meinem Leben führt.«[28] Aus genau dieser achtsamen Wahrnehmung heraus schreibt Detlev Wendler Texte, die resilienzfördernd sind und helfen, heilsame Kräfte zu entdecken.

Weil ich dir vertraue, du Urquell des Lebens,
vertraue ich mir selbst.
Ich vertraue darauf, dass ich heute am richtigen Ort bin.
Ich vertraue darauf, dass ich immer mehrere Möglichkeiten habe.
Ich vertraue darauf, dass zur rechten Zeit die richtige Lösung sich findet.
Ich vertraue darauf, dass ich von Liebe umgeben bin und getragen werde.
Auch wenn es manchmal anders aussieht.
Ich vertraue darauf, dass ich Rückschläge aushalten kann.
Ich vertraue darauf, dass mir nicht mehr auferlegt wird, als ich tragen kann.
Ich bin ein Kind des Lebens, meine Seele ist fest gegründet in dir, Urquell des Lebens.[29]

Wer die Erschöpfungs- oder Frustfallen in seinem Alltag verlassen möchte, dem empfehlen wir, sich bewusst immer wieder einmal für eine halbe Stunde auf einen Spaziergang zu begeben. Setzen Sie sich an einen Bach oder See und lassen Sie einen Text wie diesen auf sich wirken.

Warum sollten Sie so etwas tun? Viele Psychologen, Philosophen und Seelsorger würden der Journalistin und Wissenschaftlerin Christina Berndt zustimmen, die in ihrem viel beachteten Fachbuch »Resilienz – Das Geheimnis der psychischen Widerstandskraft« ganz nüchtern schreibt: »Werden Sie spirituell!« Es gibt eine Fülle von Studien, die bestätigt, dass der Glaube an die höhere Kraft Gottes und die Überzeugung, zu einem großen Ganzen auf dieser Erde dazuzugehören, Menschen vor allem in Krisen stark macht.

Ein Baum ist mehr als Holz, Zweige oder Blätter für den, der es lernt, aufmerksam oder staunend zu beobachten. Es liegt eine heilende Kraft in der Harmonie, Schönheit, Wildheit, aber auch in der Unbeugsamkeit und Veränderung der Natur. Wir können uns dies bewusst machen und Parallelen zwischen dem Leben eines Baumes und dem eines Menschen ziehen.

Dr. Wolfgang Schlund, unser Interviewpartner in Kapitel drei, beschreibt Entwicklungsphasen eines Baumes im Urwald, also im nicht kultivierten, sich selbst überlassenen Wald.[30] In der Jugendphase keimen und wachsen die jungen Bäume bis zu einer Höhe von bis zu zehn Metern. Sie stehen dicht beieinander und können 20 bis 30 Jahre warten, bis die Kronenschicht der alten Bäume lichter wird und sie genug Licht für ihr eigenes Wachstum bekommen.

In der anschließenden Optimal- oder Reifephase sind die Bäume vital und voller Abwehrkraft. Sie können Pilzen oder Insektenbefall gut widerstehen. Wir fanden es faszinierend zu lesen, dass diese Reifephase bei Tannen bis zu 500 Jahre dauern kann, in der sie bis zu 50 Meter hoch werden. Stämme können bis zu zwei Meter dick werden. Welch eine Wachstumskraft!

In der Altersphase verlieren die Bäume an Spannkraft. Das Holz wird morscher und erste Vögel und Käfer besiedeln den Stamm. So wird er zum Lebensraum für Tiere und Pflanzen. Die Altersphase dauert viele Jahre und der Baum wird immer kahler. Äußerlich würden wir ihn als tot bezeichnen, doch selbst wenn er splittert und schließlich fällt, hat er eine wichtige Aufgabe. Sein Holz, die Rinde - alles bietet unzähligen Arten neuen Lebens- und Wachstumsraum. Denn der alte Baum speichert in seinem Holz Wasser und bietet damit einen nährstoffreichen Platz für Moose und kleine Schößlinge.

Es ist faszinierend, sich solche Zeiträume, Entwicklungen und Lebenszusammenhänge bewusst zu machen. Wer sich in die Natur begibt und dafür sensibel ist, wird erkennen, dass die Natur ein Lebenslernfeld für unsere Seele ist. Diesem setzen sich Menschen in allen Kulturen und in allen Zeiträumen immer wieder bewusst aus. Sie erhoffen sich davon Stärke, Zuversicht, Hoffnung und Sinn. Vielleicht ist genau deshalb das Pilgern in Verbindung mit Spiritualität und Natur wieder so beliebt geworden. Es ergänzt den Wunsch nach Bewegung, Gesundheit und Fitness um die Dimension Selbstbegegnung und Gottesbegegnung. Dies wird deutlich in den sieben Pilgerregeln, die wir bei Peter Müller gefunden haben. Wir sehen darin Empfehlungen, auch jenseits des Pilgerns, die man für ein resilientes Leben nutzen kann.

1. Nimm deine Sehnsucht, aber auch Signale des Körpers und der Seele wahr.
2. Beschränke dich auf das Nötigste.
3. Nimm dir täglich Zeit für dich.
4. Gehe achtsam mit dem um, was dir am Wege begegnet.
5. Habe täglich Zeiten des Alleinseins.
6. Das Mühsame, die Grenzerfahrung hat auch einen Sinn und gehört dazu.
7. Gib Gott eine Chance, dir zu begegnen.

Allein in die Natur zu gehen, gilt als eine der intensivsten Möglichkeiten, die inneren Akkus aufzuladen. Das ist der Grund, weshalb wir von »Grüner Resilienz« sprechen. Zehn Wege zur Resilienz hat die APA, die American Psychological Association als sogenannte »Road to Resilience« veröffentlicht. Alles sind erforschte Möglichkeiten, die eigene seelische Kraft zu mobilisieren, um besser mit persönlichen und beruflichen Herausforderungen und Widrigkeiten umgehen zu können. Wir haben fünf Aspekte ausgewählt und sie mit dem Erfahrungsraum Natur kombiniert. Sie haben mit dieser »Grünen Resilienz« eine Handvoll Ideen, die Sie sofort in Ihrem Alltag umsetzen können, um kraftvoller zu leben.

ICH BIN TEIL EINER GEMEINSCHAFT UND TRAUE MICH, UM HILFE ZU BITTEN. Beobachten Sie im Herbst oder Frühjahr die Gänse, wenn sie in Gruppen fliegen. Die Formation der Vögel, die an ein großes V erinnert, ermöglicht den Tieren einen leichteren Flug. Die Gänse nutzen den Windschatten des Vogels, der vor ihnen fliegt und haben dadurch gemeinsam eine wesentlich höhere Reichweite, als wenn jeder für sich allein fliegen würde. Die Leitgans gibt die Führung ab, sobald sie erschöpft ist, und ordnet sich weiter hinten ein. Es ist berührend zu sehen, dass eine kranke oder verletzte Gans nicht alleine gelassen wird, sobald sie landen muss. Zwei Gänse bleiben bei ihr, bis sie stirbt oder wieder flugfähig ist.

VERÄNDERUNGEN GEHÖREN ZUM LEBEN DAZU. DAS WILL ICH AKZEPTIEREN. Beobachten Sie eine bestimmte Landschaft, eine bestimmte Pflanze über einen längeren Zeitraum hinweg immer wieder. Nehmen Sie Veränderungen bewusst wahr. Natur ist beständig im Wandel. Von ihr können wir lernen, Veränderungen anzunehmen und die Vorteile in der Veränderung zu sehen. Waldbrände zum Beispiel ziehen wie eine große Feuerwalze über eine Gegend und hinterlassen vorerst eine verwüstete Landschaft. Tiere und Pflanzen verlieren ihren Lebensraum. Und dennoch berichten Biologen und

Wildhüter, dass die Artenvielfalt von Pflanzen und Tieren in den Jahren danach stark zunimmt. Es wächst und siedelt Neues, was man sich vorher nicht vorstellen konnte.

ICH SETZE MIR UMSETZBARE ZIELE UND GEHE IN KLEINEN SCHRITTEN BEHARRLICH DARAUF ZU. Verfolgen Sie den Weg einer Schnecke einmal mit den Augen mit. Sie kommt nur langsam voran, aber sie kriecht Zentimeter für Zentimeter auf ihr Ziel zu. Tastend, langsam, beharrlich. Genauso beharrlich bauen viele Vögel im Frühjahr ein Nest für ihre Jungen. Halm um Halm wird herangetragen, bis irgendwann das kuschelige Nest fertig und bewohnbar ist. Welche Tiere fallen Ihnen in der Umgebung auf, die stetig an einer Sache bleiben, sei es die Futtersuche, der Nestbau, die Fortbewegung? Von ihnen lässt sich lernen, dass es darauf ankommt, aktiv zu werden und für sich zu sorgen.

ICH GLAUBE, DASS ICH ETWAS BEWIRKEN KANN. Jeder Hobbygärtner macht die Erfahrung, dass seine Arbeit etwas bewirkt, denn er kann das Wachstum in kürzester Zeit sehen, wenn er die Pflanzen richtig pflegt. Die Natur bietet uns vielseitige Möglichkeiten, um wirksam zu werden. Sie können einen Weg vom Unkraut befreien, die Stauden und Bäume ausschneiden, sodass sie neue Triebe bekommen, oder einfach vom Feldspaziergang einige Blumen oder Gräser mitbringen und in einer Vase dekorieren.

ICH STELLE MIR EINE ZUKUNFT VOR UND KANN DIE PERSPEKTIVE WEITEN. Sie kennen sicher den Spruch, der Luther zugeschrieben wird: »Und sollte morgen die Welt untergehen, ich würde heute noch ein Apfelbäumchen pflanzen.« Wer so handelt, der behält auch in schwierigen Situationen die Hoffnung und den Überblick. Angemessen mit Problemen umzugehen, das lässt sich lernen, wenn wir die Perspektive weiten. Wer einen Adlerblick auf sein Leben, auf sein drängendstes Problem wirft, der fragt sich, wie wichtig diese Sache in zwei Monaten oder in fünf Jahren sein wird. Dies relativiert die Angst oder Befürchtung in der momentanen Situation. Also pflanzen Sie bewusst ein Bäumchen. Stellen Sie sich vor, wie sich Ihr Leben verändert, bis der Baum erste Früchte trägt oder erste Blätter hat.

Wer Erschöpfungszustände verhindern oder ihnen zuvorkommen will, der braucht Achtsamkeit für seine Empfindungen und Gedanken. Ganz bei dem zu sein, was im Augenblick passiert, können wir besonders gut in der Natur lernen. Deshalb einfach raus, damit die Seele Freiraum hat, zu gesunden.

Coaching to go

Nehmen Sie eine Entscheidungsfrage unter die Füße

Wenn Sie eine wichtige persönliche Entscheidung treffen möchten, dann nehmen Sie sich die Freiheit, hinauszugehen. Steigen Sie auf eine Anhöhe oder suchen Sie einen Platz mit Ausblick auf. Stellen Sie sich vor, Sie würden in einem Jahr wieder hierherkommen, was hätte sich geändert?
Schreiben Sie sich an diesem Ort auf, wie Sie entscheiden möchten, welche Möglichkeiten Sie für sich sehen oder von wem Sie sich Hilfe bei der Entscheidungsfindung erhoffen. Nehmen Sie auf jeden Fall eine konkrete Handlungsanweisung und einen Gegenstand von diesem Gang in die Natur mit, der Sie an die Entscheidung erinnern wird.

Kraftquelle Natur

Holen Sie sich heute etwas aus der Natur, das Sie zuversichtlich stimmt. Ist dies ein Stück Holz, auf dem man Jahresringe sieht, ein Zapfen mit Samen, ein besonderer Stein, einige Halme mit reifem Korn, eine Kastanie, der Zweig mit frischen Blättern oder eine Narzisse?
Es geht nicht darum, sich Blumen aus dem Laden zu kaufen, sondern sehr bewusst die Augen während eines Spaziergangs offen zu halten und eine Sache zu finden, die Ihnen heute etwas zu sagen hat.

Ein Lob auf die Schöpfung

Lesen Sie einige Verse aus dem Sonnengesang des Franz von Assisi aus dem 13. Jahrhundert:

Gelobt seist du, mein Herr,
mit allen deinen Geschöpfen,
zumal dem Herrn Bruder Sonne,
welcher der Tag ist und durch den du
uns leuchtest.
Und schön ist er und strahlend mit
großem Glanz:
Von dir, Höchster, ein Sinnbild.

Gelobt seist du, mein Herr,
durch Schwester Mond und die Sterne;
am Himmel hast du sie gebildet,
klar und kostbar und schön.

Gelobt seist du, mein Herr,
durch Bruder Wind und durch Luft
und Wolken
und heiteres und jegliches Wetter,
durch das du deinen Geschöpfen
Unterhalt gibst.

Gelobt seist du, mein Herr,
durch Bruder Feuer,
durch das du die Nacht erleuchtest;
und schön ist es und fröhlich und
kraftvoll und stark.

Gelobt seist du, mein Herr,
durch unsere Schwester, Mutter Erde,
die uns erhält und lenkt
und vielfältige Früchte hervorbringt
und bunte Blumen und Kräuter.

Für Franziskus verweist die Natur auf die dahinter liegende, ordnende und lebensbejahende Schöpferkraft Gottes. Entstanden ist der Text, als Franziskus sehr krank war. Gerade da wird ihm die Schönheit der Natur und der Glaube an eine Schöpfung zur Kraftquelle.

Die Quellen innerer Kraft

GESPRÄCH MIT PATER ANSELM GRÜN

Ausgesprochen gerne sind wir schon mehrfach im Kloster Münsterschwarzach in der Nähe von Würzburg zu Gast gewesen. Es waren Tage der Rekreation, Zeiten, die unsere Kräfte erneuert haben.

Dort in Münsterschwarzach ist auch Pater Anselm Grün zu Hause, zu der Zeit mit der herausfordernden Aufgabe des Cellerars des Klosters beauftragt. In der Wirtschaft würde man sagen, er war der Finanzvorstand der Firma. Nebenbei schrieb Pater Anselm Bücher, die ein Millionenpublikum erreichten, hielt Vorträge, war Referent in Seminaren und Seelsorger für Suchende. Ich habe mich immer gefragt, wie schafft der Mann dieses Pensum und wie ist er als Person, jenseits seiner weisen Bücher.

Inzwischen habe ich ihn mehrfach erlebt. Die für mich beeindruckendste Begegnung bleibt die, als er in unserer kleinen Gruppe von Diakonen einen einstündigen Vortrag in den Räumen des Klosters hielt. Pater Anselm kam mit bestimmten Schritten in den Raum. Wir wussten, er kam unmittelbar aus der Verwaltung, heraus aus finanziellen Planungen und Telefonkonferenzen des Vormittags. Man spürte, dass er einen straffen Zeitplan hatte und seine Gedanken beansprucht waren. Dann setzte er sich sehr bewusst auf den Stuhl, den wir dem Referenten in unserem Kreis frei gehalten hatten, und schloss ohne ein Wort zu sagen die Augen.

Es wurde automatisch ruhig in der Runde. Gespräche verstummten. Nach einigen Momenten der stillen Konzentration öffnete Pater Anselm die Augen, begrüßte uns freundlich und begann ohne Manuskript, frei und inhaltlich ausgesprochen fokussiert zu sprechen. Nach fünfzig Minuten beendete er seine Rede, beantwortete persönliche Rückfragen und verließ ohne Eile, aber

pünktlich auf die Minute den Raum, um dem Ruf der Glocken zum Mittagsgebet zu folgen.
Niemals davor und danach habe ich jemanden erlebt, der so kompetent und glaubwürdig mit seiner Zeit und seinen Worten umging. Man spürte und sah, dass dieser Mann seine Quellen der Kraft kannte und nutzte. Deshalb wollten wir Pater Anselm für ein Interview gewinnen. Unsere Anfrage kam für ihn sehr kurzfristig und zeitlich nicht gerade gelegen, unmittelbar nach seinem Urlaub. Dass er sich die Zeit für dieses Interview genommen hat, freut uns ganz besonders. Mögen die Antworten für Sie nicht nur interessant sein, sondern als Inspiration und Kraftquelle dienen.

Pater Anselm, Sie sind gerade aus dem Urlaub zurück. Braucht ein Mönch Auszeit vom Kloster?
Auch ein Mönch braucht eine Auszeit. Der klösterliche Rhythmus tut mir gut. Aber ich kann es auch genießen, im Urlaub mal einen anderen Rhythmus zu leben, länger zu schlafen, einfach Zeit zu haben zum Wandern und zum Lesen.

Ganz persönlich gefragt, wo erholen Sie sich in Ihrem Urlaub am liebsten und welche Rolle spielt die Natur dabei?
Mein Urlaub sieht immer so aus, dass ich eine Woche mit meinen Geschwistern in die Alpen zum Wandern gehe. Die anderen beiden Wochen bin ich bei einem Bruder und einer Schwester von mir. Auch dort wandere ich viel oder fahre mit dem Rad durch die Gegend. Die Natur ist mir sehr wichtig. Sie tut mir gut. Sie ist für mich eine Kraftquelle. Und ich genieße es, die Schönheit einer Landschaft anzuschauen und in mich eindringen zu lassen. Da habe ich den Eindruck, dass die Landschaft heilsam ist für mich. Ich sitze einfach da und schaue auf die Berge, auf den See. Das schenkt mir eine tiefe Ruhe und inneren Frieden.

Sie schreiben in ihrem Buch »Schönheit« über die Spiritualität der Lebensfreude und laden zu einer kontemplativen Betrachtung der Natur ein. Wie können Menschen in ihrem schnelllebigen Alltag wieder zu diesem »offenen Herzen« und dem »staunenden« Betrachten der Natur finden?

Die Natur kann man nicht wie einen Event kurz genießen. Es braucht Zeit. Der erste Weg ist einfach das Wandern. Im Gehen kann man sich freigehen von den Sorgen und Problemen des Alltags, man kann die innere Unruhe langsam loslassen. Und dann ist es wichtig, einfach innezuhalten, die Natur auf sich wirken zu lassen. Wenn ich innehalte, finde ich in meinem Innern Halt. Und ich spüre eine innere Verbundenheit mit der Natur. Was in der Natur ist, das ist auch in mir. In der Natur fühle ich mich geborgen und getragen. Ich werde nicht bewertet. Und so lehrt mich die Natur, mich selbst und die Menschen nicht zu bewerten, sondern einfach sein zu lassen, so wie dieser See einfach da ist, seit Jahrtausenden.

Haben Sie selbst ein Ritual in Ihrem Alltag, bei dem die Natur eine Rolle spielt?

Ich gehe am Sonntag gerne in unserer Bachallee spazieren. Dann genieße ich die Ruhe und Schönheit der Bäume. Während der Woche muss ich immer einige Wege durch das Gelände gehen. Dann nehme ich bewusst die Natur wahr, je nach der Jahreszeit. In jeder Jahreszeit wirkt die Natur anders auf mich. Und ich lasse mich dann innerlich auf die Jahreszeit und ihre Qualität ein.

Viele Menschen geben bei Befragungen an, dass sie Gott in der Natur finden. Warum sollten sie in eine Kirche gehen?

Die Natur ist ein wichtiger Ort der Gottesbegegnung. Aber ebenso ist die Kunst ein wichtiger Ort der Gottesbegegnung. Die Kirche ist einmal ein Kunstwerk, das mir guttut. Aber wir feiern in der Kirche auch Liturgie. Und das führt zu einer anderen Art der Gottesbegegnung. Ich begegne Gott in seinem Wort. Und ich erfahre Gott auch in der

Geborgenheit einer Gemeinschaft, die wie ich auf der Suche nach dem Geheimnis ist. Die Kirche ist ein heiliger Ort. Heilig ist das, was der Welt entzogen ist, worüber die Welt keinen Zutritt hat. Nur das Heilige vermag wirklich zu heilen. Daher ist es heilsam für uns, wenn wir uns eine heilige Zeit in der Kirche gönnen und den heiligen Raum der Kirche wahrnehmen, der uns zum heiligen Ort auf dem Grund unserer Seele führt. Dort in diesem heiligen Raum auf dem Grund meiner Seele bin ich frei von allem äußeren Lärm. Da bin ich heil und ganz. Da kann niemand mich verletzen.

Welche drei Impulse können Sie aus Ihrer reichen seelsorgerischen Erfahrung heraus für ein kraftvolles Leben geben?
1. Bewerten Sie sich selbst nicht. Lassen Sie sich einfach sein, so wie die Natur einfach da ist.
2. Halten Sie sich so, wie Sie sind, Gott hin und fühlen Sie sich bedingungslos angenommen.
3. Vertrauen Sie darauf, dass Gott aus allem, was Sie in die Hand genommen haben, was Ihnen mehr oder weniger gelungen ist, Segen entstehen lässt. Und bitten Sie Gott darum, dass er das Werk Ihrer Hände segnet und dass sein Segen Sie einhüllt wie ein schützender Mantel.

Pater Anselm Grün, wir fragen mal provokant, ist Ihr Nachname auch ein Motto?
Für mich ist mein Name wichtig. Grün ist für mich die Farbe der Hoffnung und Zuversicht. Hildegard von Bingen spricht von der Viriditas, der Grünkraft, die alles durchdringt und belebt. So vertraue ich darauf, dass ich von meiner Familiengeschichte her eine innere Kraft mitbekommen habe, die mein Leben immer wieder neu zum Blühen bringt.

Pater Anselm Grün ist Benediktinermönch, Seelsorger, spiritueller Berater für Manager und gefragter Autor. Pater Anselm lebt und arbeitet im Kloster Münsterschwarzach bei Würzburg.

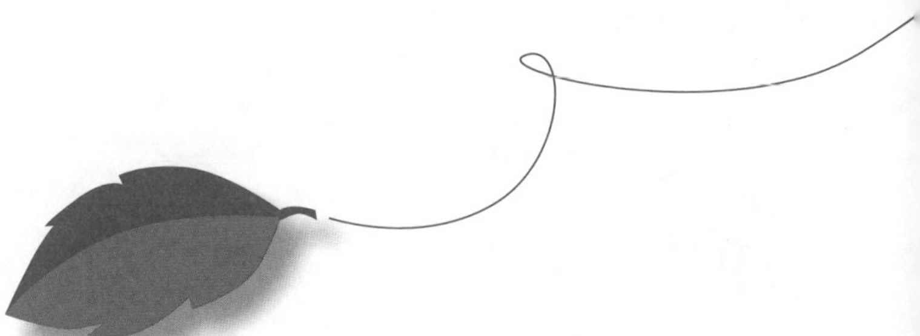

KAPITEL 6

Raus aus dem Kinderzimmer

Ermöglichen Sie Kindern starke Lebenswurzeln

Kindliche Entdecker

In unserem Fotoalbum gibt es ein Bild, auf dem sitzen zwei kleine Kinder in knallorangen Schwimmwesten juchzend in einem mit wasserdichten Packsäcken beladenen roten Kanu. Im Hintergrund die blaue Weite eines Sees und kleine Inselgruppen. Das Bild genügt, um in uns die Erinnerung an zahlreiche Sommer in Schweden lebendig werden zu lassen.

Wir waren oft als Kanuwanderer auf den großen und kleinen Seen unterwegs, übernachteten auf grünen Inseln oder in einsamen Sandbuchten am Ufer. Wenn zwei Erwachsene und zwei Kinder mit Zelt, Kocher, Schlafsäcken, Isomatten, etwas Kleidung und einer großen Kiste voller Lebensmittel für zehn Tage auf Tour gehen, dann ist das Kanu schnell voll bis zum Rand. Um Gewicht und Volumen zu begrenzen, durfte jeder nur wenig Kleidung und vor allem wenige Spielsachen oder Bücher mitnehmen. Die Kinder hatten nur einen kleinen Beutel mit einigen Schleich-Tieren und Figuren dabei. Das war nicht gerade viel Spielzeug für lange nordische Sommertage. Doch wir erlebten es jedes Mal fasziniert aufs Neue mit, dass es ausreichte, um in der freien Natur kreative eigene Spielräume zu schaffen. Kaum an einem der Rastplätze angekommen, zogen sich die Kinder mit ihren Figuren zurück und begannen, eine kleine Farm für ihre Tiere aufzubauen. Wurzeln, Stöcke oder große Blätter waren perfektes Baumaterial für Stall und Haus. Oft wurden aus Gräsern Zäune geflochten oder mit Steinen eine Mauer gestaltet. Diese natürlichen Spiellandschaften boten ihnen so viel Gestaltungsraum, dass sie darüber die Zeit völlig vergaßen. Erst wenn das Zelt stand, die Nudeln gekocht waren und der Wind auffrischte, kamen sie wieder in die Nähe des elterlichen Camps. Sie durften sich frei und unbeaufsichtigt in der Umgebung bewegen. Natur ohne Freiheit funktioniert nicht [31] – nicht für Eltern und nicht für Kinder. Wir waren uns sicher, sie würden nicht zu weit

»Natur ohne Freiheit funktioniert nicht.«
GERALD HÜTHER

weg stromern. Lediglich eine Regel gab es: Die Schwimmweste bleibt auch an Land an. Zu rutschig waren die runden Steine am Ufer, als dass man nicht doch mal reinfallen könnte. Wir Eltern brauchten diese Sicherheit, um ihnen den nötigen Freiraum zu geben.

Vom Naturkind zum Stubenkind

Den größten Teil ihrer Entwicklungsgeschichte haben Menschen in der Weite der natürlichen Umgebung verbracht. In Europa gehen wir davon aus, dass umherziehende Gruppen erst vor 4.000 bis 5.000 Jahren sesshaft wurden. Was sich nach einer langen Zeit von Jahren anhört, ist entwicklungsgeschichtlich betrachtet ein Bruchteil. Für Menschen gehörten in der längsten Phase der Geschichte das Leben in der Natur, die Herausforderungen und Erfolge beim Überleben in der Wildnis, die Jagd, die Geborgenheit des Lagers und die Bedeutung des Feuers unmittelbar zu den Grunderfahrungen. Dies ist tief in unseren Genen gespeichert. Darauf beziehen sich Forscher, wenn sie betonen, dass Natur für die menschliche Entwicklung unverzichtbar ist. Natur ist für Kinder »so essentiell wie gute Ernährung«[32], sagen der Neurobiologe Hüther und der Kinderarzt und Gesundheitsforscher Renz-Polster. In der Natur, diesem »angestammten Entwicklungsraum«[33], stoßen sie auf das, was sie brauchen, um ihr Leben selbstwirksam zu gestalten. Renz-Polster und Hüther nennen Freiheit, Unmittelbarkeit, Widerständigkeit und Bezogenheit/Verbundenheit als existenzielle Erfahrungsquellen für die Entwicklung der Kinder. Oder wie es Wissenschaftsautor Andreas Weber schreibt: »Ohne die Nähe zu Pflanzen und Tieren verkümmert ihre emotionale Bindungsfähigkeit, schwinden Empathie, Fantasie, Kreativität und Lebensfreude.«[34]
Wer Kinderbücher von Astrid Lindgren oder Mark Twain liest, begegnet einer fast nostalgisch anmutenden Spezies. Er begegnet Kindern, die auf sich gestellt die Umgebung erkunden, die Abenteuer

erleben, sich beweisen müssen, die in einer altersgemischten oder sozial gemischten Gruppe von Freunden unterwegs sind, die sich ausprobieren und letztlich daran reifen und innerlich stark werden.
In unserem langjährigen Wohngebiet in einem Stuttgarter Vorort spielten die Kinder vor 20 Jahren noch regelmäßig mit ihren Freunden auf den freien Grünflächen oder im nahen Stadtwald. Wenn ich heute dort zu Besuch bin, fällt mir auf, dass kaum noch Kinder frei spielend außerhalb der Gärten oder der Spielplätze zu sehen sind. Entweder verbieten die besorgten Eltern, dass sich ihre Kinder ohne erwachsene Begleitung in den Park begeben. Oder die Kinder sind nahezu komplett verplant mit ihren Freizeitaktivitäten. Zwischen Klavierstunde und Sportgruppe bleiben nur kleine Zeitfenster, die nicht ausreichen, um irgendwohin zu radeln oder ein längeres Spiel zu entwickeln. Spielen in der Natur braucht seine Zeit. Es muss sich anbahnen und wachsen können.
Die Spielmöglichkeiten mit elektronischen Medien sind damit verglichen niedrigschwelliger, reizvoller und im sicheren häuslichen Umfeld zu haben. »Ich spiele lieber drinnen, weil da die ganzen Steckdosen sind«, ist die oft zitierte Aussage eines Zehnjährigen aus San Diego, die Richard Louv bei der Recherche zu seinem Buch »Das letzte Kind im Wald« zu hören bekam. Wir glauben nicht, dass dies nur eine typisch amerikanische Aussage ist.
Es ist offensichtlich, dass sich der Radius und der Ort des Spielens für Kinder verändert hat. Wenn Olaf erzählt, dass er in seiner Kindheit im Alter von acht, neun Jahren das Dorf verließ, im Steinbruch im Wald das Klettern übte, Kuhweiden überquerte oder in alte Ställe stieg, dann klingt das für heutige Eltern schon nahezu unverantwortlich. Heute spielen Kinder weitaus seltener und wenn, dann deutlich kürzer draußen. Sie haben dabei weniger Spielgefährten und es ist unüblicher geworden, dass sich altersverschiedene Gruppen zusammentun. Ich selbst bin in einem großen städtischen Wohngebiet aufgewachsen. Die Kinderbande, die sich nachmittags zum Spielen auf der Wiese vor dem Häuserblock traf, bestand selten aus Gleichaltrigen und genau

das machte es so interessant. Allerdings fehlte mir in der Stadt dieser natürliche Freiraum, von dem Olaf erzählt. Bei uns gab es den Wald erst in einiger Entfernung und ich kann mich kaum an unbeaufsichtigte Spielausflüge dorthin erinnern. Ein Sommer allerdings ist mir noch ganz präsent. Mit einer Freundin fuhr ich, vielleicht elf- oder zwölfjährig, mit dem Rad und einem Picknickkorb mehrfach hinaus in den Wald. Den ganzen Nachmittag bauten wir uns eine Hütte aus Zweigen im Unterholz. Dort hatten wir genüsslich unsere Brotzeit und konnten uns kaum von diesem zauberhaften Paradies verabschieden. Doch 18 Uhr sollten wir daheim sein – beim Glockenläuten. Das war ein Gesetz, wollten wir uns die elterliche Freiheit nicht verspielen. Noch heute, 40 Jahre später, finde ich diese Stelle im Wald, auch wenn von unserer Baumhütte natürlich keine Spur mehr zu sehen ist. Daran zeigt sich, wie eindrücklich das freie, unstrukturierte, entdeckende Spielen in der Natur für Kinder ist.

Umso trauriger ist die Entwicklung vom Natur- zum Stubenkind, wie man es plakativ nennen und vielerorts seit Jahren beobachten kann. Sandra Hofferth von der Universität von Maryland hat zwischen 1997 und 2003 eine Studie betrieben, die sich auf kindliche Aktivitäten im Freien wie Angeln, Wandern, Gartenarbeit, Strandspiele bezog. Sie stellte fest, dass die Zahl der Kinder im Alter zwischen neun und zwölf Jahren, die ihre Zeit mit derartigen Aktivitäten im Freien verbrachten, um 50 Prozent abnahm. Im Laufe von 25 Jahren, so die Wissenschaftlerin, habe das freie Spiel und die frei verfügbare Zeit in einer durchschnittlichen Woche für die Kinder um ungefähr neun Stunden abgenommen.[35] Auch in Deutschland sind solche Tendenzen in Studien festgestellt worden. Während 1990 noch 75 Prozent der befragten Kinder zwischen sechs und 13 Jahren täglich draußen herumstromerten, waren es 13 Jahre später deutlich weniger als 50 Prozent. Andreas Weber bringt diese Entwicklung in seiner Geo-Reportage von 2010 am Beispiel einer englischen Familie anschaulich auf den Punkt. Der Urgroßvater lief in den 1920er-Jahren achtjährig zehn Kilometer, um an seiner Lieblingsstelle zu angeln. Sein

Schwiegersohn durfte 30 Jahre später, ebenfalls acht Jahre alt, durch den anderthalb Kilometer entfernten Wald streifen und legte auch den Schulweg allein zurück. Dessen Tochter fuhr in den Siebzigerjahren mit dem Rad durch die Nachbarschaft zum Schwimmen, während ihr Sohn, ebenfalls acht, mit dem Auto zur Schule gebracht wird und sich nur innerhalb ihrer Wohnstraße allein bewegen darf.

Hier spielt natürlich nicht nur die Veränderung der Umwelt, sondern auch der Faktor der elterlichen Angst eine große Rolle. Verglichen mit den Gefahren häuslicher Gewalt oder des Straßenverkehrs ist Natur für Kinder eindeutig weniger gefährlich. Die Angst vor der Natur ist oftmals eine fiktive, auch wenn es natürlich Gefährdungen gibt. Doch die beziehen sich eher darauf, eine Zecke aufzusammeln, als unter den umstürzenden Baum zu geraten oder vom Wildschwein überrannt zu werden. Selbst die Gefährdung durch Missbrauch ist leider eher im Bekannten- oder Familienumfeld (80 Prozent) als im Wald durch fremde Personen gegeben. Jedem von uns ist klar, dass Kinder ihrem Entdeckertrieb nur folgen können, wenn sie und auch ihre Bezugspersonen sich damit sicher fühlen. Doch bei allem berechtigten Bedürfnis nach Sicherheit, Kinder sind »keine Hunde, die man einfach Gassi führt«[36].

Wie kommt es, dass draußen zu spielen nicht mehr so wichtig zu sein scheint, weder für die Eltern noch für die Kinder? Liegt es tatsächlich an den oft gescholtenen elektronischen Medien? Ist es der fehlende Freiraum der stärker verplanten und terminierten Kindheit? Sind es die fehlenden natürlichen Räume in den Städten? Vermutlich hat es mit allen Aspekten etwas zu tun. Doch wir behaupten, wie bei vielen Themen des Lebens spielen individuelle Werte und die öffentliche Meinung einer Gesellschaft die größere Rolle. Wir müssen uns die Frage stellen, wie wichtig uns das Spiel in der Natur für unseren Nachwuchs ist. Betrachten wir es nur als eine Form von Zeitvertreib oder sehen wir es tatsächlich als einen evolutionär bedingten und persönlichkeitsstärkenden Entwicklungsraum an, der eine erhebliche Wirkung auf das emotionale und kreative Potenzial künftiger Generationen hat? Welchen Wert messen wir der Natur als Entwicklungsraum zu? Die Antwort auf diese Frage wird zeigen, ob die Entwicklung zum »Stubenkind« eine ist, mit der wir uns abfinden wollen.

Starke Lebenswurzeln bilden

Kinder, die in sich stabil sind, ähneln einem Baum mit tiefen Wurzeln. Sie widerstehen Krisen, schwanken zwar bei Gegenwind, werden aber nicht gleich umfallen, wenn es anders als erwartet läuft. Sie sind an ihrer Umwelt interessiert, ohne das Gespür für eigene Bedürfnisse zu verlieren. Ihre Selbststeuerung bleibt auch bei äußerer Ablenkung erhalten. Sie ruhen in sich. Solche Kinder können sich über längere Zeit hinweg konzentrieren, sie sind eher ausgeglichen in ihrem Temperament und schätzen ihre Kräfte realistisch ein. Vor allem aber sind sie emphatisch. Das bedeutet, sie können die Äußerungen anderer, die Befindlichkeit von Tieren, Pflanzen, Menschen einordnen und daher sozial handeln. Sie fühlen sich mit ihrer Um-Welt verbunden. Ihre Kreativität scheint unerschöpflich zu sein. Sie erfinden neue Spiele, kombinieren Dinge, die sie finden, und gehen schöpferisch damit um. Unter ihren Händen entstehen Kunstwerke, zumindest für den, der sie schätzen kann. Ihr großes Selbstwertgefühl hilft ihnen, mit anderen klarzukommen, ohne diese abzuwerten oder zu überhöhen. Von solchen Kindern möchte man lernen. Eine Utopie vom Traum-Kind?

»Dein Kind sei so frei es immer kann. Lass es gehen und hören, finden und fallen, aufstehen und irren.«
J. H. PESTALOZZI

Zugegeben, es ist bei weitem die Minderheit der Kinder, die wir so erleben. Aber wir kennen einige solcher Kinder. Sie auch? Wohl nehmen wir auch andere wahr. Lehrer, Erzieher, Pädagogen jeder Art klagen eher über die Zunahme hyperaktiver, selbstbezogener oder unkonzentrierter Kinder. Es ist enorm schwer, mit solchen Kindern eine Gruppe zu formen, sie emotional zu erreichen, für Lehrinhalte

zu begeistern oder ihnen Sinneserfahrungen anzubieten. Da braucht es große Geduld und pädagogisches Fingerspitzengefühl. Immer wieder kommen Erwachsene an ihre Grenzen, wenn sie Kindern fundamentale Kompetenzen wie Selbstkontrolle, Selbstvertrauen, soziales Einfühlungsvermögen oder kreatives Denken vermitteln wollen. Ebenso wenig können wir Kindern das Lernen lehren. Sie müssen es von sich aus wollen. Diese Kompetenzen kann man nur durch eigene Erfahrung erwerben. Die begleitenden Erwachsenen haben die Aufgabe, die Rahmenbedingungen dafür zu schaffen.
Wenn also die Natur einen einzigartigen Rahmen bietet, um lebenswichtige Erfahrungen zu machen und damit den Aufbau dieser Grundkompetenzen ermöglicht, dann müssen wir den Kindern wieder zu mehr Zugängen zur Natur verhelfen. Vier Quellen bietet die Natur für uns Menschen und im Speziellen für die Jüngsten, um ihre Entwicklung zu fördern. Neurowissenschaftler Hüther und Kinderarzt Renz-Polster beschreiben diese Quellen als Unmittelbarkeit, Freiheit, Widerständigkeit und Verbundenheit. Wir möchten Ihnen diese vier in extra Abschnitten etwas näher vorstellen.

1. Unmittelbarkeit

In der Natur werden unsere Sinne vielfältig angesprochen. Denken Sie nur einmal an einen Waldspaziergang an einem Sommertag kurz nach einem Gewitterschauer. Es ist unglaublich, wie die Luft nach Erde riecht. Man kann die verdunstenden Regentropfen als Nebel sehen. Wir hören, wie es von den Bäumen tropft, und das Geräusch klingt, als hätte der Regen noch nicht aufgehört. Erste Sonnenstrahlen schimmern wie goldene Fächer durch die Zweige und die Vögel beginnen erneut zu zwitschern. Das ist eine ganz unmittelbare sinnliche Erfahrung, die keine Fernsehsendung, kein Bild, kein Buch, kein Videospiel in dieser Intensität vermitteln kann. Das macht Naturerfahrungen einzigartig. Wir können sinnliche Erfahrungen in der Natur auch bewusst erzeugen, zum Beispiel indem wir uns am Feuer versammeln. Der Duft von gutem Birkenholz oder der beißende Rauch, wenn wir das Feuer anzünden, steigt sofort in die Nase. Die Flammen fressen sich knisternd durch das Holz. Ein Feuer schenkt Wärme und fördert die Gemeinschaft. Unwillkürlich rücken Menschen am Feuer näher zusammen, Gespräche werden mit zunehmender Glut tiefer und persönlicher. Man kann sich gut vorstellen, wie in früheren Zeiten um das Feuer getanzt, das Essen zubereitet oder gemeinsam gesungen wurde.

Es entsteht eine enorme sinnliche Erfahrung, die Kinder wie Erwachsene immer wieder neu in ihren Bann zieht. Als wir Oliver Harder, Diakon der Evangelischen Gemeinde Henstedt-Ulzburg nördlich von Hamburg, danach fragten, wie er zu dem begeisterten Pfadfinderleiter wurde, der aktuell bis zu 160 Kindern in den örtlichen Gruppen in der Natur begleitet, erzählte er von seiner ersten eigenen Pfadfinderstunde. Ein neuer Pfarrer hatte die Kindergruppe übernommen und statt wie bisher im Gemeindehaus zu spielen oder Geschichten zu erzählen, nahm er die Kinder mit an den Waldrand und lehrte sie ein gutes Feuer zu entfachen und danach die Spuren zu beseitigen. Diese Lektion wirkte auf den elfjährigen Oliver wie ein Magnet und noch heute leuchtet die Begeisterung für Erlebnisse in der Natur aus den Augen des dreifachen Familienvaters.

Wo unsere Sinne gefragt sind, dort sind wir unmittelbar dabei und diese Erlebnisse werden im Langzeitgedächtnis verankert.

Wo unsere Sinne gefragt sind, dort sind wir unmittelbar dabei, und diese Erlebnisse werden im Langzeitgedächtnis verankert. Lernprozesse bekommen eine andere Qualität, sobald sie über emotionale Bezüge hergestellt werden und sich die Fragen beim Tun ergeben. Es geht dann eher darum, die Kinder fragend zu machen, als Fragen zu beantworten. Und genau das ist der Boden, auf dem das Lernen gedeiht, da es von innen kommt. Kinder werden viel lustvoller beobachten, experimentieren oder forschen, wenn sie den unmittelbaren Bezug und Nutzen des Lernens erkennen können

2. Freiheit

Einerseits brauchen Kinder eine Bezugsperson, der sie vertrauen können und die ihnen die Natur wertvoll macht. Jemanden, durch dessen Liebe zur Natur sie selbst dafür achtsam werden. Aber vor allem brauchen sie die Möglichkeit, sich ihre Umwelt selbst zu erobern. Viele Studien zeigen inzwischen auf, das Kinder vor allem dann von der Natur profitieren, wenn sie dort öfter ohne Aufsicht und frei in Gruppen mit anderen Kindern spielen können. Wiesen mit Büschen, der Saum eines Waldes, aber auch Brachflächen in der Stadt bieten den Anreiz für Abenteuer. Naturelemente sind nach der Meinung von Spielpädagogen zudem anregender als konstruierte Spielgeräte auf angelegten Spielplätzen. In der Vielfalt von herumliegenden Ästen, beim Hüpfen über Wasserläufe oder auf unebenen Pfaden lernen Kinder körperliche Balance und Beweglichkeit. Sie können nicht davon ausgehen, dass der Baustamm am nächsten Tag noch genauso daliegt oder dass der Wasserstand im Bach immer beständig bleibt. Sie müssen sich auf die jeweiligen Gegebenheiten einstellen, reagieren flexibel und werden aktiv, sofern sie das selbst organisieren dürfen. Dabei ist es interessant zu beobachten, dass Kinder sich meistens Herausforderungen suchen, die sie gerade noch schaffen: der Sprung über den Bachlauf, die Höhe des Baumes, auf den man klettert. Einmal geschafft, macht sie das berechtigt stolz. Der Erfolg des Gelingens stärkt das Selbstvertrauen.

Diese unbeobachtete Freiheit haben Kinder in einem gewöhnlichen Kindergarten beispielsweise kaum. Dort sind die Spielmöglichkeiten vorgegeben, die Geräte TÜV-gerecht gestaltet und die Erzieherinnen können jederzeit in den Verlauf des Spieles eingreifen.

Überzeugt von den Erkenntnissen der Forschung über den Wert der Freiheit beim natürlichen Spiel der Kinder und den Gewinn natürlicher Spielräume hatte die Leiterin des Kindergartens einen professionellen Naturspielraum-Gestalter für die Umgestaltung des Gartenbereiches eingeladen. Wir waren mit zahlreichen Eltern zum

Elternabend gekommen. Ich stand dem Projekt damals eher skeptisch gegenüber.

Der schöne asphaltierte Weg durch den überschaubaren Garten sollte wegfallen? Deutlich weniger Platz für Bobbycar-Rennen oder Dreiradausflüge! Das mochten die Kinder doch sehr, oder? Die großen runden Sandkästen sollten, so der Plan des Architekten, aufgelöst und statt dessen ein kleiner Bachlauf mit sandigen Matschstellen eingerichtet werden. Auf einer Skizze sahen wir, dass der Garten künftig nicht mehr eben, sondern leicht hügelig aufgeschüttet werden sollte. Büsche boten Möglichkeiten für Verstecke oder Lager. Nicht mal an ein ordentliches Klettergerüst war gedacht. Dafür kostete der Umbau viel elterliche Mitarbeit und ordentlich Geld.

Die Diskussion war hitzig. Schließlich gab es ein knappes Ja für den Umbau. Wir ahnten, dass die Kinder fortan nicht mehr sauber aus dem Kindergarten heimkommen würden. Genauso war es. Aber es geschah noch etwas. Sie kamen mit verschlammten Hosen, selbstzufrieden und einem breiten Lächeln aus dem Kindi. Vor allem aber schienen sie sich mehr als früher im Gartenbereich aufzuhalten.

Die Zeiten, in denen die Kinder im Garten spielen konnten, waren flexibler als vordem geregelt. Statt eine gemeinsame Gartenzeit verordnet zu bekommen, konnten die Kleinen selbst entscheiden, ob sie morgens sofort hinausgehen wollten. Es musste nicht unbedingt eine Erzieherin dabei sein.

Jahre danach erst habe ich den kühnen Vorausblick und das Engagement der Kindergartenleiterin richtig einschätzen können. Sie war damals der Zeit und den allgemeinen Vorstellungen von natürlichen Freiräumen für Kinder voraus. Heute boomen Waldkindergärten und haben lange Wartelisten, weil ersichtlich ist, dass die Freiheit und Unmittelbarkeit des Naturzugangs die Kinder motorisch fitter, sozial stärker, ideenreicher und ausgeglichener macht. Dass das viele Draußensein darüber hinaus auch noch gesundheitliche Vorteile hat, ist selbstredend. Übrigens, ein kleines Klettergerüst gab es in unserem Kindergarten schließlich dennoch

– auf Drängen der Eltern. Der Spielplatzgestalter meinte, die Kinder hätten das nicht gebraucht. Für sie sind Bretter, Stöcke oder Büsche reizvoller, denn dort können sie selbst etwas konstruieren – in aller Freiheit!

3. Widerständigkeit

Vielleicht haben Sie bei den vorhergehenden Sätzen gedacht, dass wir die Natur ganz gewaltig idealisieren und die Erfahrungen in der Natur einseitig schönreden. Dann kommt Ihnen dieser dritte Aspekt sicher entgegen. Hier geht es darum, auch die gefährliche, angstmachende oder risikoreiche Seite der Natur in den Blick zu nehmen.
Es ist eine Urerfahrung, an eigene Grenzen zu stoßen. Plötzlich zu erleben, dass mir meine Kraft, meine Ideen, meine Schnelligkeit oder Größe nicht mehr weiterhelfen, ist ein einschneidendes Erlebnis. Kinder, aber auch Erwachsene müssen lernen, mit dem Scheitern umzugehen. Wir können nicht immer mit dem Kopf durch die Wand. Gerade in der Natur wird das ganz offensichtlich und erlebbar. Die vorher beschriebene Freiheit ist nicht grenzenlos. Es gibt Widerständigkeiten, an denen wir an unsere Grenzen kommen – körperlich oder seelisch.
Wenn ich mich an die eingangs beschriebenen Kanutouren zurückerinnere, dann fallen mir bei allen wunderbaren Erlebnissen auch etliche Grenzerfahrungen ein. Plötzlich aufkommende Winde, die den See in ein bedrohlich graues Wellenmeer verwandelten, und dann die Angst, Kinder und Kanu nicht mehr sicher an Land zu bringen. Oder die verwirrende Vielfalt von Inseln, in der man trotz guter Landkarten die Übersicht und Orientierung verlieren kann. Einmal paddelten wir Stunde um Stunde bis in die Nacht hinein, und egal, wo wir anlegten, es gab nur extrem scharfkantige Felsen. Völlig unmöglich, dort ein Zelt aufzubauen oder Schlafplätze zu finden. Es war schwer, dabei gelassen zu bleiben.

Bis heute erinnern wir uns alle an einen bedrohlichen Gewittersturm, der uns zwang, einen niedrigen Holzunterstand am Ufer zum Schutz aufzusuchen. Wir saßen sicher zwei Stunden bei Blitz, Donner und Hagel fest. Keiner konnte daran etwas ändern. Wie behält man frustriert und frierend in solch einer Situation die Laune? Wir haben damals alle Lieder gesungen, die wir kannten, Geschichten erzählt und Blitze gezählt. Die Natur ist bedrohlich, stark, unberechenbar, und sie richtet sich nicht nach unseren Wünschen. Das macht Menschen bescheidener. In solchen Situationen geht es darum, sich und seine Gefühle zu steuern. Exekutive Kontrolle sagen die Wissenschaftler dazu. Uns gefällt der saloppe Begriff von Hüther und Renz-Polster, die davon sprechen, Kinder können an den Widerständigkeiten der Natur lernen, ihren »seelischen Haushalt selbst zu führen«.

Schwimmen kann man nicht an Land lernen. Und Lebensmut entwickelt sich aus dem Überwinden von Krisen- oder Grenzerfahrungen.

Schwimmen kann man nicht an Land lernen. Und Lebensmut entwickelt sich aus dem Überwinden von Krisen- oder Grenzerfahrungen. Das Singen lenkt ab, Gemeinschaft mit anderen tut gut, bei Gewitter geht man besser an Land und nutzt die Schutzhütte – dies alles sind Lernerfahrungen, die unsere Kinder aus dem Unwetter für ihr Leben ziehen konnten. Sie wussten, was uns in diesem Moment Sicherheit und Trost gegeben hat. Somit ist die Widerständigkeit oder das Erleben von Grenzen eine enorme Chance, innerlich zu wachsen.

4. Verbundenheit

»Das Kind muss für seine Abenteuer sozusagen eine Rüstung tragen – eine aus den vielen Erfahrungen der Verlässlichkeit gestrickte Rüstung.«[37] Um sich gesund und psychisch stabil zu entwickeln, brauchen Kinder die Verbundenheit, die sichere Nähe und

Geborgenheit bei Menschen, aber darüber hinaus auch in der Natur. Sicher könnten Sie sofort einen Ort in Ihren Gedanken beschreiben, an dem Sie sich als Kind besonders wohlgefühlt haben. Diese Lieblingsplätze vermitteln uns das Gefühl, ganz wir selbst zu sein. Das kann der Schaukelstuhl auf der Veranda, die Hängematte im Garten, das kuschelige Hochbett, aber auch ein besonderer Platz in einer Astgabelung, der Baumstumpf, von dem aus man einen guten Ausblick hat, oder das Spielhaus im Garten sein. Entwicklungspsychologen weisen darauf hin, dass Menschen, die Verbundenheit entwickeln, sozialer handeln und stärker mit sich selbst verbunden sind. Das bedeutet, sie können die Bedürfnisse ihres Körpers gut wahrnehmen und sich dadurch beispielsweise vor unangemessener Überforderung schützen oder angemessen abgrenzen.

Viele Kinder sind intuitiv fasziniert von der natürlichen Umwelt. Babys folgen den Bewegungen von Blättern mit den Augen, Kleinkinder deuten auf jede Katze, jeden Hund und Vogel, Schulkinder kümmern sich um verletzte Vögel auf dem Gehsteig. Viele Kinder wünschen sich sehnlichst ein Haustier. Ob Hase, Schildkröte, ein eigenes Aquarium oder ein Hund, Hauptsache, es ist ein Wesen, um das man sich kümmern und mit dem man eine innige Verbindung aufbauen kann. Gerade auch für das Immunsystem kann die Nähe zu Tieren hilfreich sein. Im Umgang mit ihnen werden körperliche Abwehrkräfte trainiert. Dreck macht stark, sagt man mitunter etwas lapidar. Fest steht, dass Tiere in ihrem Fell Endotoxin, das Abbauprodukt von Bakterien, haben. Wird dieses in der Form von feinem Staub eingeatmet, reagiert unser Immunsystem. Es funktioniert nach dem Motto, Übung macht stark. Denn es zeigt sich, dass Kinder, die schon früh engen Kontakt mit Tieren hatten, seltener an Allergien erkranken. Wohl bemerkt, Tiere sind keine Therapie gegen Allergien. Fest steht nur, dass wir unser Immunsystem nicht in Watte packen müssen, sondern dass es vielfältige Einflüsse braucht, um vielfältig reagieren zu können.

Zwischen Kindern und Tieren gibt es häufig ein natürliches Band des Verstehens. Vorausgesetzt, es wird nicht von den Eltern und deren

Befindlichkeiten überlagert. Als Hundebesitzer sind wir recht oft damit konfrontiert. Da werden kleine Kinder, die neugierig nach dem großen Hund schauen, ganz plötzlich an die Hand genommen und auf die Seite gezerrt mit dem Hinweis: »Aufpassen, das ist ein groooßer Hund!« Unterschwellige Botschaft: Aufpassen! Gefährlich! Umgekehrt gibt es auch Eltern, die ihre Dreijährigen allein auf den Hund losschicken und sagen: »Der macht nichts. Geh mal Eia machen.« Und das ist natürlich leichtsinnig, wenn man das Tier überhaupt nicht kennt. Beide Verhaltensmuster sind nicht sinnvoll, um den angemessenen Umgang und die Achtung der Kinder vor Tieren zu fördern.

Kinder brauchen die Möglichkeit, sich zu beheimaten, vertraut zu werden mit natürlichen Dingen, egal ob es Tiere sind, die Pflege eines eigenen Beetes oder eine Gegend, in der sie sich neugierig forschend und ohne Gefährdung herumtreiben können.

Bei einer Untersuchung der Wohnumgebung von drei- bis fünfjährigen Stadtkindern stellte man fest, dass Kinder, die mehr Natur in ihrer unmittelbaren Wohnumgebung hatten, ihren Selbstwert höher einschätzten. Sie wiesen auch niedrigere Werte für Angst und Aufmerksamkeitsstörungen auf.[38] Verbundenheit mit der Natur kann Kindern ermöglicht, sie kann aber auch aus Unwissenheit gestört oder direkt verhindert werden. Das liegt in der Hand von Eltern, Großfamilie, Pädagogen und Gesellschaft.

Wenn wir die von Hüther und Renz-Polster beschriebenen vier Kraftquellen kindlicher Entwicklung in der Natur (Unmittelbarkeit, Freiheit, Widerständigkeit, Verbundenheit) kennen, dann können wir sie Kindern zugänglich machen.

Das bedeutet weniger Tun und mehr Lassen. Lassen wir Kindern einen Raum von Freiheit, Abenteuer und Entdeckerfreude, in dem sie auf ihre Weise Achtsamkeit, Respekt und tiefe Verbundenheit erfahren können. Damit bereiten wir ihnen den Boden für starke Lebenswurzeln. Wachsen müssen sie selbst.

Einfach raus mit den Kindern! Warum wir alle davon profitieren

»Naturerfahrungen tun Kindern in vielen Hinsichten gut«, so fasst Erziehungswissenschaftler Ulrich Gebhard schlicht die Ergebnisse aus 30 Jahren Forschung in einem Satz zusammen. Das wird vielfach von Praktikern aus der pädagogischen Arbeit bestätigt. Der Leiter der Württemberger Waldheim AG, Ulrich Seeger, hat den Überblick bei 52 Feriencamps für Kinder im naturnahen Raum unter der Trägerschaft der Evangelischen Kirchen. Er sagt: »Die Waldheime sind für Stadtkinder so etwas wie Frischluftschneisen des Lebens.« Nach dem Krieg entstanden, war es die Idee der Waldheimbewegung, Kinder aus der Armut, dem Dreck und Lärm großstädtischer Umgebung herauszuholen und ihnen eine Zeit der Erholung mit unbelastetem Spiel, guter Verpflegung und direktem Zugang zur Grünkraft der Natur zu ermöglichen. Noch heute haben die Waldheime großen Zulauf. Hier mischen sich Kinder verschiedener Milieus, erfahren einen Freiraum zum Spiel, werden von meist jugendlichen Betreuern begleitet und können oft unmittelbar in Wald, Wiesen, Parks oder weitläufigen Geländen unterwegs sein.

Die Pfadfinderbewegung, initiiert vom britischen Lord Baden Powell, aber auch reform- oder erlebnispädagogische Ansätze wie der von Kurt Hahn, dem Gründer von Outward Bound, setzten auf Natur, Verbundenheit und körperliches Training, um Kinder und Jugendliche stark für ihr Leben zu machen. »Learning by doing«, das Motto von Baden Powell, wurde genutzt, um den Kindern Selbsterfahrung zu ermöglichen. Kurt Hahn, von 1920 bis 1933 Leiter der Internatsschule Schloss Salem, setzte auf unmittelbare Erfahrungen, Echtheit im Tun und auf Natur oder Kulturlandschaften als Handlungsräume. Bei allen diesen Konzepten wollte man Kinder ermutigen, eigene Lösungen zu suchen, sich auf andere einzulassen, die Bedürfnisse der Nächsten zu achten und die Natur als kostbaren Lebensraum zu respektieren. Heute zeigen etliche Forschungen, dass Menschen

besonders achtsam mit der Natur umgehen, wenn sie diese in ihrer Kindheit als etwas Gutes und Selbstverständliches im direkten Umgang erlebt haben. Umgekehrt formuliert bedeutet dies: Menschen schätzen selten das, was sie nicht benennen können.
Da unsere künftige Lebensweise als Gesellschaft in hohem Maß von einer guten Entwicklung der Natur abhängt, brauchen wir Kinder und künftige Generationen, die den Wert der Natur kennen. Erst dann werden sie für deren nachhaltigen Schutz eintreten. Dabei hilft es nicht, Kinder nur im Unterricht über Natur und Umweltschutz zu informieren. Es hilft auch wenig, wenn diese vielfältige naturwissenschaftlichen Kenntnisse haben. Entscheidend ist der eigene Zugang zur Natur, die persönliche Erfahrung. Diese müssen wir immer wieder fördern und ermöglichen. Wenn darüber hinaus ein guter Mentor den Kindern glaubwürdiges Vorbild und Resonanzboden für ihre Fragen ist, dann profitiert nicht nur das einzelne Kind und dessen Familie, sondern unsere Gesellschaft von der stabilen, verantwortlichen Persönlichkeit, die damit gefördert wird.

Im Wald daheim – den eigenen Pfaden folgen

Wir wollten von Oliver Harder, dem Diakon und Pfadfinderleiter aus Henstedt-Ulzburg, wissen, inwiefern er das ganz praktisch beobachten kann.
Seit elf Jahren fahren die Kinder und Jugendlichen der Pfadfindergruppen des Ortes in den Wald. Zehn Hektar Wald haben sie dafür gepachtet, sodass es sich anfühlt, wie in den eigenen Wald zu kommen. Hier bauten sie einen Lagerplatz, eine gemeinschaftliche Hütte mit einem Rindendach, stellten ein Trockenklo für dringende Bedürfnisse zur Verfügung und entschlammten den Zufluss zu einem alten Tümpel. Es ist ein schöner Waldteich daraus geworden. Daneben

gibt es ganz viel Freiraum für die sechs- bis 18-jährigen Pfadfinder. Am Teich können die Jungen und Mädchen Frösche beobachten, Dämme bauen, im Schlamm spielen und lernen, nicht unbeabsichtigt hineinzufallen. Der Wald ist ein riesiger Erlebnisraum. Besonders gerne sitzen die Kinder am Feuer, essen und teilen Geschichten des Lebens miteinander.

Vor 16 Jahren begann Harder diese Jugendarbeit. Inzwischen kommen erste Teilnehmer aus dem Studium zurück in den Ort. Offensichtlich gilt für viele von ihnen: einmal Pfadfinder, immer Pfadfinder. Sie bleiben dem Stamm und der Natur verbunden. Für sich gehen die jungen Erwachsenen wandern, paddeln oder boofen, also unter Felsüberhängen in der Sächsischen Schweiz campieren. Einen Grundsatz teilen alle Pfadfinder: Sie helfen dem anderen, denn sie wissen sich mit anderen Menschen und der Natur verbunden.

Harder kann in seinen Gruppen sehen, dass diese Angebote in der Natur ganz unterschiedliche Alters- und Gesellschaftsgruppen ansprechen, und genau darin liegt ein großer Wert. Sie lernen von- und miteinander. Diese Vielfalt verträgt auch Sonderlinge und Kinder, die in den Sportgruppen oder schulischen Gruppenangeboten für Schwierigkeiten sorgen und daher zu Außenseitern werden.

Beispielsweise Kinder mit Autismus oder Aufmerksamkeitsstörungen. Oliver Harder erinnert sich an ein Kind mit Asperger-Syndrom, einer Störung, bei der das Kind einerseits autistische Züge hat, aber auch extrem hyperaktiv ist und sich kaum in eine Gruppe einfinden kann. Als dieses Kind zum ersten Mal bei den Pfadis war, kamen alle Mitarbeiter an ihre Grenzen. Das Kind rannte durch den Wald, kletterte am Rindenhaus hinauf und war beängstigend aktiv.

Harder lächelt, wenn er daran zurückdenkt. Denn mittlerweile haben sich alle daran gewöhnt, dass dieses Kind enormen Bewegungsbedarf hat und ganz präzise, kurze Anweisungen braucht, um seine Grenzen wahrzunehmen. Heute kennt sich das Kind im Wald aus. Es ist ruhiger geworden, entdeckt ganz viel und wird von den anderen in seiner Andersartigkeit akzeptiert. Es scheint, der Wald gibt allen Beteiligten mehr Gelassenheit und Achtsamkeit, miteinander klarzukommen, auch wenn das nicht immer reibungslos geschieht.

Vitamin N statt Naturdefizit-Syndrom

Ärzte, Eltern und Gesundheitskassen sind zunehmend besorgt. Viele Kinder werden dicker, ernähren sich ungesund, ziehen sich in ihre Zimmer zurück, spielen lieber mit elektronischen Medien als mit Gleichaltrigen. Solche Kinder haben wenig Gespür für Risiken, bewegen sich in der Natur folglich kaum oder ungeschickt und können schwer mit Zeiten der Nicht-Aktivität umgehen. Solche persönlichen Defizite beschreibt Richard Louv mit dem provozierenden Begriff »Naturdefizit-Syndrom« und er macht darauf aufmerksam, dass dies nicht als individuelles Problem verharmlost werden darf. Der Nichtzugang zur Natur wirkt sich letztlich auf die ganze Gesellschaft aus, denn was wir nicht kennen oder für wesentlich erachten, das schützen wir nicht. Es ist folglich existenziell für unsere Gesellschaft, Kindern die Natur und den Wald als Lebensraum zugänglich zu machen. Das Konzept der Waldkindergärten hat sich glücklicherweise in den letzten Jahren so bewährt, dass die Plätze in solchen Kindertageseinrichtungen sehr gefragt sind.

Wer Berichte von Waldkindergärten oder Naturspielgruppen liest, stellt fest, dass die Kinder nicht nur einen positiven Umgang mit der Natur entwickeln, sondern auch mit Gleichaltrigen. Die Kinder zeigen dort weniger Konflikte. Sie fühlen sich in der Natur wohl, sind emotional ausgeglichener und können sich besser konzentrieren. Im grobmotorischen Bereich zeigen sich große Fortschritte.

Interessant ist eine schwedische Studie, die schon 1997 die Kindertagesstätte in der Kleinstadt Klippan mit der Kindertagesstätte in der Großstadt Malmö verglich. Während in Malmö ein moderner Außenbereich mit ebenem Boden, Rasen, Wegen, Sandkasten, kleinen Bäumen und einem Hügel zum Klettern und Rutschen zur Verfügung stand, gab es in Klippan eine naturnahe Umgebung. Dort stand den Kindern ein wilder Garten mit hohen Bäumen, Felsen, unebenem Boden, angrenzendem Wald, ein großer Sandplatz, Schaukeln und Seile zur Verfügung. Der Biologe Dr. Patrik Grahn und sein Team aus Umweltpsychologen, Kinderphysiotherapeuten und Landschaftsarchitekten arbeitete eng mit Psychologieprofessor Stephen Kaplan aus den USA zusammen. Sie wollten wissen, wie das Umfeld die Kinder beeinflusst.

Ein Jahr lang begleiteten und untersuchten die Wissenschaftler die Kinder im Alter von drei bis sechs Jahren. Sie testeten motorische Fähigkeiten, Konzentration und Kreativität. Darüber hinaus beobachteten sie Sozialverhalten und die Gesundheit der Kinder. Während im Kindergarten in Malmö der Krankenstand acht Prozent betrug, was einem durchschnittlichen Wert entspricht, betrug er bei den Kindern im natürlichen Umfeld gerade mal 2,8 Prozent. Der Unterschied blieb das ganze Jahr über konstant. Spannend war auch das Spielverhalten der Kinder. Die »Draußen-Kinder« hatten vielfältigere Spielideen. Sie wechselten von gewagten, lauten Spielen hin zu achtsamen, nahezu lautlosen Spielen, in denen die Kinder sich komplexe Rollen ausdachten und miteinander aushandelten. Sie waren dabei vertieft in ihr jeweiliges Spiel und deutlich weniger ablenkbar. Insgesamt waren die Kinder der Naturtagesstätte konzentrierter, befolgten Anweisungen eher, nahmen anderen Kindern weniger Sachen weg, unterbrachen andere weniger und waren motorisch sicherer.

Der Nichtzugang zur Natur wirkt sich letztlich auf die ganze Gesellschaft aus, denn was wir nicht kennen oder für wesentlich erachten, das schützen wir nicht.

Die Kinder der städtischen Kindertagesstätte waren dagegen viel mit Dreiradfahren beschäftigt. Sie kamen seltener zu einem vertieften Rollenspiel und wurden häufiger in ihrem Spiel unterbrochen. Das Aufräumen war den Erzieherinnen dieses Kindergartens wichtig,

denn die Kinder durften im Außenbereich nichts liegen lassen. Vor allem aber mussten in diesem Kindergarten die Erzieherinnen häufiger eingreifen, um Konflikte zu lösen, und kamen dabei auch selbst an ihre Grenzen. Dagegen fiel es den Kindern im »Draußen-Kindergarten« schwer, die Routineordnung einzuhalten oder für Ordnung in ihren Sachen zu sorgen.
Ohne die Waldkindergärten oder Naturspielplätze zu verklären, zeigt diese Studie und auch der Erfahrungswert vieler Eltern und Pädagogen, dass ein vermehrter Aufenthalt im Grünen der Gesundheit, der Kreativität und der Aufmerksamkeit sehr gut tut. Wir können sagen, das Vitamin N hilft, Kinder stark im Leben zu machen und ist die wirksamste Medizin gegen das Naturdefizit-Syndrom, das in vielen Industriegesellschaften wahrnehmbar ist. Wo Kindern ein Zugang zur Natur im frühen Kindesalter ermöglicht wird, entsteht die Grundlage für eine gute persönliche Entwicklung und für eine positive Einstellung zu unserer Mitwelt.
Geben wir den Kindern nicht mehr Wissen und Informationen, sondern mehr Gelegenheiten zum Staunen und Be-Greifen. Das Beste, was wir dafür tun können: begleiten wir unsere Kinder und machen wir uns selbst auf den Weg. Gehen wir einfach raus!

Coaching to go

Den Lieblingsplatz aufsuchen

Hatten Sie als Kind einen Lieblingsplatz oder -ort? Können Sie diesen noch finden? Dann suchen Sie Ihren Lieblingsplatz einmal ganz bewusst auf. Setzen Sie sich unter den Kletterbaum, an den Rand des Sandkastens oder an die Flussböschung. Überlegen Sie sich, welche Träume Sie als Kind dort hatten und wie sich Ihr Leben bis hierher entwickelt hat.

Barfußpfad anlegen

Ausgeglichene, entspannte und mit sich selbst zufriedene Erwachsene sind eine Wohltat für Kinder.
Dazu müssen Sie sich selbst spüren. Beginnen Sie damit, den Boden unter Ihren Füßen zu spüren. Damit das mehr Spaß macht, legen Sie sich auf einer ebenen Fläche einige Quadrate, begrenzt mit kleinen Zweigen an. Füllen Sie die Quadrate wahlweise mit Tannenzapfen, kleinen Moosbüscheln, Gras oder Blättern. Laufen Sie tastend Ihren eigenen Barfußpfad ab und versuchen Sie danach, mit geschlossenen Augen den Weg zu gehen und dabei die Balance zu behalten.

Eine Burg bauen

Bauen Sie am Strand eine Kleckerburg. Einfach das Sand-Wasser-Gemisch aus der Hand träufeln lassen, so lange bis ein kleckerartiger Sandturm entsteht.
Egal ob mit oder ohne Kinder – bauen Sie Ihre eigenen Sandkunstwerke! Sie werden staunen, wie entspannend und gleichzeitig anregend das sein kann.

Einfach raus in ein starkes Leben

GESPRÄCH MIT GERALD HÜTHER

Wir waren etliche Jahre als Pädagogen tätig, später leiteten wir Seminare und Veranstaltungen mit Erwachsenen und überall machten wir die gleiche Erfahrung. Menschen interessieren sich nur für eine Sache und sind bereit, dazuzulernen, wenn sie begeistert davon sind. Sie müssen einen Sinn in dem sehen, womit sie sich beschäftigen, und es muss einen angstfreien Raum geben, in dem sie mit Freude experimentieren, erkunden, Fehler machen und lernen können. Lange Zeit fühlten wir uns allein mit dieser Erkenntnis.

Deshalb waren wir absolut begeistert, inhaltliche Rückendeckung durch einen prominenten Wissenschaftler, den Neurobiologen und Hirnforscher Professor Gerald Hüther, zu finden. Seine Publikationen und Vorträge stiften dazu an, über sich selbst hinauszuwachsen, Denken und Handeln zu hinterfragen, und sind von einem grundsätzlich positiven Menschenbild geprägt. Der umtriebige und bestens vernetzte Mann unterstützt und fördert die verschiedensten Initiativen, die sich für Schulen, Arbeitswelt oder Gemeinschaften der Zukunft einsetzen. Es ist natürlich kompliziert, eine so engagierte Persönlichkeit wie Herrn Hüther mal auf einen Kaffee oder Tee zu treffen oder mit ihm eine Runde spazieren zu gehen. Gerne hätten wir das gemacht, doch zwischen Göttingen und Moritzburg liegen etliche 100 Kilometer und zwischen dem Wunsch und der Umsetzung liegt die Hürde, den gemeinsamen Termin zu finden. So haben wir uns denn am Telefon getroffen und festgestellt, wie viele spannende Themen sich bei einem Gespräch eröffnen. Deshalb werden wir unser

Gespräch mit Sicherheit fortsetzen, ganz unabhängig von diesem Buch, und zwar irgendwo draußen im Grünen. Denn wir teilen eine Überzeugung: Unser Denken profitiert davon, wenn wir unser Leben in den grünen Bereich bringen.

Herr Professor Hüther, wie kommt es, dass Sie sich als Neurobiologe so intensiv mit dem Thema Pädagogik und Bildung beschäftigen?
Ich kann mir kaum ein interessanteres Forschungsthema vorstellen. Es betrifft die Wurzeln unserer Gesellschaft und die des menschlichen Lebens. Wenn Sie beobachten, mit welch einer unglaublichen Entdeckerfreude und Gestaltungslust Kinder zur Welt kommen, dann gilt es diese zu erhalten. Diese Lust auf Neues, die Begeisterung dafür befähigt Kinder, in den ersten Lebensjahren so viel zu lernen. Und dann passiert etwas Tragisches. Wir schicken sie in unsere Bildungseinrichtungen und spätestens am Ende der Grundschule ist bei vielen Kindern kaum noch etwas von dieser Lernfreude übrig. Als Hirnforscher kann ich sagen, am Gehirn der Kinder liegt das sicher nicht! Eher an den ungünstigen Erfahrungen, die sie im schulischen Umfeld machen. Die werden ja irgendwie im Gehirn verankert und führen zu einem veränderten Lern- und Lebensverhalten. Wie das geschieht und weshalb das so ist, interessiert mich sehr, denn hier sehe ich den Ansatzpunkt für positive Veränderungen.

Wir haben für dieses Buch eine Menge Fach- und Erfahrungswissen über die Kraft der Natur gerade im Hinblick auf die Entwicklung von Menschen zusammengetragen. Welche Rolle spielt die Natur, das Rausgehen für Sie persönlich?
Eine ganz bedeutende. Die Natur ist die wichtigste Ressource, um mich rückzubinden und innerlich neu auszurichten. Ich gehe liebend gerne und oft raus. Im Wald spazieren gehen, mich unter einen Baum setzen und dort einfach nur zu sein, gibt mir innere Kraft. Im Sommer lege ich mich auch gerne in die Wiese oder unter Bäume. Das schafft eine große Verbundenheit mit der Welt, in der wir leben und arbeiten, und ermöglicht es mir, mich als Teil des Ganzen zu fühlen. Wir

wohnen draußen vor der Stadt. Es ist fast wie Bullerbü. Ein Rittergut mit mehreren Wohnungen mitten in der Weite der Landschaft. Ich kann Nachbarschaft leben, aber auch für mich sein, und überall ist der Kontakt zum Grünen, zur freien Natur möglich. Das ist enorm lebenswert für mich.

Was sind aus Ihrer Sicht die wirkungsvollsten drei Wurzeln, die Kinder brauchen, um stark im Leben zu wachsen, und braucht es dafür die Natur?

Braucht es die Natur? Ja und nein. Unsere eigenen Kinder haben wir auf dem Land aufwachsen lassen, sehr bewusst ohne viel Medienkontakt und im Einklang mit der Natur. Es hat sich ihnen emotional tief eingeprägt, dass es schön ist, im Wald herumzustrolchen. Allerdings mussten wir schmerzhaft erleben, dass man in unserer Gesellschaft Kinder nicht auf der »Bullerbü-Insel« allein aufziehen kann. Sie kommen in Kontakt mit Medien, mit dem Schulsystem, mit anderen Denk- und Handlungsformen. Ein Kind muss sich auch nach anderen richten und sich anpassen können. Sonst ist es allein. Wir sind damals zurück in die Stadt gezogen, um unseren Kindern diesen Zugang zu erleichtern, auch wenn es eine schwere Entscheidung war.

Drei Wurzeln für ein starkes Lebens sind aus meiner Sicht: Aufgaben, an denen Menschen wachsen können, günstige Vorbilder, an denen sie sich orientieren, und Gemeinschaften, in denen sie sich sicher und geborgen fühlen. Vor allem müssen es Gemeinschaften sein, in denen kleine und große Menschen in ihrer Einzigartigkeit gesehen und wertgeschätzt werden. Was die Herausbildung dieser festen Wurzeln verhindert, sind Erfahrungen, in denen sich ein Kind nicht als Subjekt gesehen fühlt, sondern von anderen zum Objekt von Erwartungen, Bewertungen, Belehrungen gemacht wird. Wollen wir Kinder stark machen, dann müssen wir Kinder als einzigartige Subjekte sehen und ihnen mehr positive als negative Erfahrungen ermöglichen.

Welche der vielen Auswirkungen der Natur schätzen Sie für die Entwicklung und Erfahrung von Kindern am höchsten ein?
Es ist die Erfahrung, dass man die Natur nicht ändern kann, außer dass man sich ihr fügt. Kinder können die lebendige Welt erforschen, untersuchen, aber wenn sie eine Maus beobachten wollen, müssen sie warten, bis die aus ihrem Loch herauskommt. Es gibt in der Natur keinen Knopf, auf den man drücken kann, wenn man will, dass die Maus herauskommt und piep sagt. Sich in etwas Größeres einzuordnen, dieses mitzugestalten und gleichzeitig seine Rolle darin zu finden, ist eine ganz faszinierende, erfüllende Erfahrung. Diese dauert übrigens ein Leben lang an. Menschen müssen sich immer wieder fragen, ob sie Verantwortung für sich und ihre Umwelt übernehmen wollen oder ob sie nur dumpf durch das Leben tappen und es als gegeben hinnehmen. Hier entscheidet sich, ob sich jemand weiterentwickelt und sein Leben als gestaltbar interpretiert.

Raus mit den Kindern, raus in die Natur! Was antworten Sie Eltern, die ängstliche Vorbehalte der Natur gegenüber haben und ihre Kinder deshalb kaum in den Wald lassen? Oder wie würden Sie auf den Einwand reagieren, wenn Eltern sagen: »Würden wir ja gerne machen, aber wir wohnen weder am Wald noch haben wir frei zugängliche Flächen in der Nähe.«?
Das einzige Gegenmittel gegen die Angst ist das Vertrauen. Das habe ich schon 1995 in meinem Buch »Biologie der Angst« geschrieben. Angst ist ein Gefühl, das durch den Stress ausgelöst wird, eine Situation nicht bewältigen zu können. Deshalb hilft nur die Erfahrung gegen die Angst, dass etwas, wovor man sich fürchtet, nicht eintritt. Wir brauchen also positive Erfahrungen und natürlich auch Aufklärung. Wie gefährlich ist der Fuchsbandwurm oder die Zecke im Wald tatsächlich? Mittlerweile ist bekannt, dass es um diese Themen eine regelrechte Hysterie gab, die Menschen Angst macht, in den Wald zu gehen. Dort, wo ein Mensch eine Belastung als kontrollierbar erlebt, kehrt sich die Angst um. Die Bedrohung wird zur Herausforderung,

aus Angst wird Zuversicht und Mut, aus Ohnmacht wird Wille. Wenn also Eltern gelernt haben, wie bedeutsam die Natur für die vielfältige Entwicklung ihrer Kinder ist, dann werden sie es wirklich wichtig finden. Und wenn sie es wichtig finden, mit ihren Kindern die Natur zu erleben, finden sie auch einen Weg dorthin. Und sei es auch nur der Balkon oder ein Park in der Stadt. Wem es aber nicht wirklich wichtig ist, der findet immer einen Grund, weshalb es nicht geht. Denkbar ist ja auch der umgekehrte Weg, dass Kinder ihre Eltern bitten, mit ihnen in den Wald, an den Bach oder auf die Wiese zu gehen. Wer sich dem aussetzt, der gewinnt neue Erfahrungen – nachweislich das beste Gegenmittel, um Befürchtungen auszuräumen, die sich nur in unserem Kopf abspielen.

Wenn man die Fülle Ihrer Aktivitäten, Blogs, Plattformen, Ihre Veröffentlichungen und Ihre vielen Vortragstermine betrachtet, dann fragen wir uns, wo Sie selbst Ihre Kraft dafür gewinnen.
Meine Hauptkraft beziehe ich aus der Freude, die mir dieses Forschen macht. Außerdem finde ich es wichtig und vor allem sinnvoll. Ich kann mit diesem Wissen Menschen helfen, ihr Leben und ihre sozialen Gemeinschaften bewusster zu gestalten. Das ist der Grund dafür, dass ich so vieles mit Leichtigkeit mache, und über die Kraftquelle Natur haben wir bereits gesprochen.

In Ihrem neuesten Buch geht es um Potenzialentwicklung, um die Kraft, die gute Gemeinschaften einander ermöglichen. Wie muss man das verstehen?
Eigene Talente und Begabungen zu entfalten und sich selbst zu entdecken ist vor allem dann möglich, wenn sich Menschen einladen, ermutigen und inspirieren, über sich hinauszuwachsen. Nur so finden wir raus aus dem ungesunden Vergleichen und dem Wettkampf, das, was alle machen, besonders gut oder noch besser als alle anderen machen zu wollen. Wenn jeder Mensch einzigartig ist, geht es nicht darum, besser als andere zu sein, sondern anders, eben man selbst.

Hier liegt ein gewaltiges Potenzial für unsere Menschheit. Wir brauchen eine neue Beziehungskultur und wir sind gerade dabei, diesem Denken eine Möglichkeit zur Wirkung und Mitwirkung zu geben. Seit Herbst 2015 können sich Menschen aktiv beteiligen, gelingende Gemeinschaften zu bilden und sich zu vernetzen. Wir nennen es die Akademie zur Potenzialentfaltung.

Wenn wir unser Potenzial nutzen, unseren Handlungsspielraum und unser wunderbar plastisches Gehirn nutzen wollen, dann brauchen wir die Begeisterung. Sie selbst sagen, Lernen funktioniert nur über Begeisterung und Menschen, die uns begeistern. Wer begeistert Sie ganz aktuell?

Ich bin begeistert von unserem Enkelsohn. Er wird jetzt ein Jahr und von ihm lerne ich schon seit einiger Zeit am allermeisten. Wenn ich sehe, was dieser kleine Mensch alles sieht und wahrnimmt, dann lädt mich das ein, die Augen weit aufzumachen und Perspektiven zu wechseln. Wir Menschen fallen je älter desto mehr in alte Reaktionsmuster zurück und reagieren oft aus dem Bauch heraus. Ein Kind ist permanent am Entdecken und Lernen. Es weitet seinen Lebensraum, statt sich darauf zurückzuziehen. Das ist inspirierend für mich und das gemeinsame Entdecken der Welt beglückt uns alle beide.

Professor Dr. Gerald Hüther ist Neurobiologe an der Universität Göttingen. Als Autor populärwissenschaftlicher Bücher und Vortragsredner ist er einem großen Publikum bekannt. Hüther lebt in einem ländlichen Weiler in der Nähe von Göttingen. http://www.akademiefuerpotentialentfaltung.org

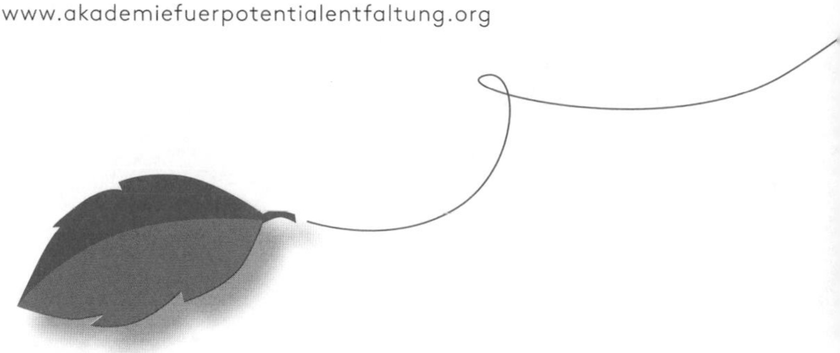

KAPITEL 7

Raus ins Glück

Bringen Sie Ihr Leben in den grünen Bereich

Einfach raus – zum Glück

Es ist ein mäßig warmer, wolkenverhangener später Nachmittag im Mai und ich bin froh, endlich heimzukommen. Ein anstrengender Sitzungsmarathon liegt hinter mir und als wäre das nicht genug, gab es auf der Autobahn noch Stau. Entsprechend unausgeglichen, müde und genervt schließe ich die Haustür auf und falle beinahe über den Picknick-Korb, der im Flur dekorativ bereitsteht. Olaf hat das Kontra-Programm vorbereitet und überrascht mich mit der Idee, an den See im Wald zu fahren. »Dort können wir das Abendessen genauso gut genießen wir hier – und vielleicht hebt das deine Stimmung«, fügt er hinzu, nachdem er mein wenig begeistertes Gesicht sieht.

Ich will ihn nicht enttäuschen, also steigen wir auf die Fahrräder und radeln die Viertelstunde aus dem Ort hinaus zum See. Schon kurze Zeit nachdem wir die Straße verlassen haben und der Wald uns umgibt, spüre ich, wie sich der Ärger verflüchtigt. Ich denke kaum noch an die hitzigen Debatten, stattdessen beobachte ich einen Buntspecht, der heftig an der morschen Eiche klopft, weiche der Schnecke auf dem Weg aus und höre das Schnattern der Gänse, die lärmend über uns hinweg zum See fliegen. Die Welt hat noch mehr zu bieten als Arbeit, Stau, Nachrichten oder Werbung.

Hier jedenfalls spüre ich eine ganz andere Welt, eine natürliche Welt, die ich an diesem Tag bisher nicht erleben konnte. Langsam weicht die innere Anspannung und macht einer gelasseneren Stimmung Platz. Olaf freut sich, als er es bemerkt, und wir genießen unser Picknick auf einer Bank mit Blick auf den See. Es stört nicht, dass sich heute keine Sonne im Wasser spiegelt. Auch so entfaltet das Draußensein seine Wirkung. Wir brauchen nicht viele Worte. In Stille essen wir das frische Brot, Scheiben von gutem Käse und frisch geschnittenes Gemüse. Wasser und Wein dazu und ich fühle mich inzwischen satt und glücklich wie bei der Rast nach einer langen Wanderung im Urlaub statt nach einem langen Arbeitstag während der Woche. Bevor wir heimradeln, schlendern wir noch eine kleine

Runde zu Fuß weiter in den Wald. Plötzlich ein lautes Knacken. Wir halten inne, schauen suchend und dann deutet Olaf stumm nach links auf eine Lichtung. Vielleicht zwanzig Meter entfernt von uns steht ein imposanter Hirsch. Er hat den Kopf erhoben, wittert und schaut in unsere Richtung.

Noch niemals zuvor habe ich einen Hirsch mit mächtigem Geweih so nah mitten in der freien Natur zu sehen bekommen. Der Prachtkerl steht im warmen Abendlicht wie für uns dahin dekoriert. Keiner rührt sich. Es scheinen Minuten zu vergehen, dann stakst er einige Schritte durch das niedrige Gesträuch, wittert noch einmal in unsere Richtung und stuft uns offensichtlich als unbedeutend ein. Denn wenig später beginnt er auf dem Boden nach Essbarem zu suchen und beachtet uns nicht mehr. Ich zupfe das Handy hervor, hoffe, dass er noch so lange stehen bleibt und kann zwei Fotos machen, bevor er sich langsam in das Dickicht verzieht. Wir schauen uns an und brauchen keine Worte. Es ist pures Glück, was jetzt in unseren Herzen pulsiert. Diese zufällige Begegnung, die Erhabenheit des großen Tieres und die wortlose Übereinkunft, sich mit Achtung zu begegnen, sind etwas ganz Besonderes. Sie machen uns den Alltag zum Glückstag.

»Wir denken selten an das, was wir haben, sondern immer nur an das, was uns fehlt.«
ARTHUR SCHOPENHAUER

Wir waren noch oft an dieser Stelle. Den Hirsch haben wir nie wieder gesehen. Es ist wie mit dem Glück. Man kann sich schlecht mit ihm verabreden, doch man kann Gelegenheiten schaffen, um es einzuladen, man kann es wahrnehmen, wo es sich zeigt, und sich davon beschenken lassen. Eines ist mir an diesem Tag sehr bewusst geworden: wer Glück sucht, der darf nicht erwarten, dass es an die Tür klopft. Man muss sich aufmachen, innerlich wie äußerlich, man muss raus ins Glück!

Das Glück des Wesentlichen

Mit leichtem Gepäck reisen – was für eine wunderbare Formulierung für die Sehnsucht, das Wesentliche und nicht das Beste oder Meiste auf seiner Lebensreise mit sich zu führen. Doch wo und wie lernen wir, das für uns Wesentliche zu erkennen?

Als wir neulich in einem Café saßen und bei einem cremigen Milchkaffee das Manuskript besprachen, setzten sich vier Geschäftsmänner an den Nebentisch. Von sich und ihrem Tun überzeugt, diskutierten sie ihr aktuelles Projekt so dominant, dass wir es gleich mit präsentiert bekamen. Es ging um die Markteinführung eines Smoothie-Mixers, ein Gerät, mit dem man frische Zutaten zu einem Saft püriert. Seit dieser Lehrstunde wissen wir, dass es darauf ankommt, dem Verbraucher zu zeigen, dass die Maschine nicht nur die Ernährung verbessert, die Zeit spart, die Familie gesund macht und ein Statussymbol für modernes Leben ist, sondern dass sie förmlich das Leben erst lebenswert macht. Darüber hinaus haben wir vom Nachbartisch gelernt, welche emotionalen Bedürfnisse die Broschüren und Imagefilme bei den potenziellen Kunden ansprechen werden. Das Ziel ist, Menschen, die bis dahin recht zufrieden ihren Tee, Multivitaminsaft oder ihr Wasser geschlürft haben, davon zu überzeugen, dass ein Smoothie-Shaker zum Lebensglück dazugehört. Vier gut bezahlte Werbeprofis denken sich so etwas an einem Montagmorgen aus und ihr Budget für das Mixer-Projekt war nicht kleinlich.

»Ich glaube, wahres Glück kann man bereits mit ganz wenigen Dingen finden, wenn man aufhört, sich mit anderen zu vergleichen, seine Träume lebt und mit leichtem Gepäck reist.«
SERGIO BAMBAREN

Da drängt sich das Gefühl auf, es geht überhaupt nicht um den einzelnen Käufer und schon gar nicht um sein Lebensglück, sondern um Wachstumszahlen einer Branche. Unsere Gesellschaft beruht auf dem Austausch von Waren und Dienstleistungen. Deshalb wirkt eine konsumkritische Haltung beinahe schon subversiv. Doch Wirtschaftswachstum ist kein Selbstzweck. Es soll dem Menschen dienen, nicht umgekehrt. Wer glücklich leben möchte, der muss sich die Frage nach dem Wesentlichen in seinem Leben stellen. Wir sind uns ziemlich sicher, der Smoothie-Mixer zählt, so schön er auch ist, nicht dazu. Was ist wesentlich im Leben?

Ist es die Beziehung zu anderen Menschen, das Dach über dem Kopf, ein Essen auf dem Teller, Arbeit, die sinnerfüllt und gerecht bezahlt ist, die Gesundheit oder die Fähigkeit, das Beste aus dem zu machen, was einem begegnet? Wer so fragt, der landet unweigerlich bei den großen Ur- und Sinnfragen des Lebens: Wer bin ich? Wofür lebe ich? Was kann ich mit meinem Leben bewirken? Ganz existenziell fragen sich Menschen oft erst dann nach dem Wesentlichen, wenn ihr Leben unverhofft begrenzt ist. Der Tod wird, so formulierte es Apple-Gründer Steve Jobs, zum »besten Unternehmensberater« des Lebens, denn er fragt dich danach, was dir wirklich wesentlich ist.

Und da sind wir mittendrin im Thema Glück, denn glücklich sein heißt vor allem, fähig sein zu entdecken, was für mich wesentlich ist, und eine Wahl zu treffen.

Wir haben die Wahl – zum Glück!

Glück ist ein schwer zu fassender Begriff, etwas zwischen einem unvergleichlich guten Hochgefühl und einer stillen, tiefen Grundzufriedenheit. Um dieses innere Glück zu erleben, muss man bei Weitem nicht alle Ziele erreicht haben. Das Glück begegnet uns förmlich auf dem Weg, unterwegs. Viele Menschen wünschen sich Glück, streben es aber nicht bewusst an und wundern sich dann, wenn es eine bloße Sehnsucht bleibt. Dabei ist der Wunsch, glücklich zu sein, tief im Wesen des Menschen verankert. Man könnte sagen, die Sehnsucht nach Glück ist eine treibende Kraft, eine Motivation für unser Handeln. Also lohnt es sich, immer wieder einmal zu fragen: Was macht mich glücklich? Dies ist jedenfalls viel leichter zu beantworten als die Frage nach dem Glück überhaupt. Glück ist sehr subjektiv. Daher sprechen Wissenschaftler auch eher vom subjektiven Wohlbefinden oder von der individuellen Zufriedenheit eines Menschen. Außerdem ist Glück ziemlich wandelbar, denn es hängt von unserer jeweiligen Lebensphase oder Kultur ab, in der wir uns befinden. Wie glücklich waren wir, als alle Prüfungen abgeschlossen waren und wir mit der ersten Anstellung das erste Gehalt auf dem Konto hatten. Oder dieses unvergleichliche Glück, einem Kind das Leben zu geben, es ins Leben zu begleiten. Und dann die schlaflosen Nächte, die das Glück im Alltag erden. Das Glück der ersten Wohnung, der großen Liebe, der vielen Begegnungen, Überraschungen und Wunder des Lebens. Jeder von uns könnte hier sicher eine Fülle aufzählen.

Glücklich sind vor allem Menschen, die das Glück bemerken.

Das Paradoxe am Glück ist, dass es sich nicht erzwingen, wohl aber erlernen lässt. Genau betrachtet hat es seine Ursprünge einerseits im Zufall und andererseits in unserem Denken und unserem Willen. »Willst du glücklich sein?«, ist demnach eine ziemlich kluge Frage. Sie packt das Glück an der Wurzel.

Glücklich sind vor allem Menschen, die das Glück bemerken. Vielleicht haben mich meine Eltern deshalb Beate (die Glückliche) genannt und mir das Thema Glück förmlich in die Wiege gelegt. Doch das Glück ist kein Selbstläufer und auch keine genetische Zugabe, die den einen gegeben ist, während die anderen ein Leben lang darauf warten. Sonja Lyubomirsky, Psychologin der Universität von Kalifornien, bezieht sich auf Ergebnisse der Zwillingsforschung, wenn sie nüchtern feststellt, dass menschliches Glücksempfinden zu 50 Prozent auf genetische Faktoren, zu 10 Prozent auf äußere Faktoren wie Lebensbedingungen und zu 40 Prozent auf persönliche Verhaltensweisen zurückzuführen ist.

Interessant ist eigentlich nur die letzte Zahl, denn dort liegt unser aller Handlungsspielraum. Deshalb rät die Forscherin, dem Leben wertschätzend zu begegnen, die Zuversicht zu pflegen, negative

Gedankenspiralen, Grübelfallen und vor allem den Neid zu meiden. Zuversicht verstärkt sich, wenn wir gute Gefühle wie Dankbarkeit, Zufriedenheit, Verbundenheit oder Freude wahrnehmen. Kennen Sie das Empfinden, dass negative Gefühle unglaublich stark in uns nachwirken und dass es viel mehr positive Emotionen braucht, um eine negative zu überlagern? Viel zu lange kleben wir im Alltag an einer unfreundlichen Bemerkung, ärgern uns darüber und verpassen es wahrzunehmen, dass inzwischen längst wieder die Sonne scheint. Wir müssen deshalb förmlich gute Gefühle bunkern oder darin baden, um das Negative, Ärgerliche, Kränkende oder Verletzende in unserem Leben zu überwinden. Barbara Frederickson spricht als Forscherin auf dem Gebiet der Positiven Psychologie von einem Verhältnis drei zu eins. Also drei positive Emotionen sind notwendig, um eine negative in unserem Gefühlshaushalt auszugleichen. Frederickson hat in ihrer Arbeit nachgewiesen, dass sich die positiven Emotionen steigern lassen, wenn wir sie schlichtweg mehr bemerken. Das heißt, Glück hat viel mit purer Aufmerksamkeit und Wahrnehmung zu tun. Das große Glück ist kein »Quantensprung«, sondern es besteht aus vielen kleinen Schritten. Seit wir das wissen, pflegen wir ein schönes Ritual. Jeden Abend werden drei bis fünf Dinge aufgeschrieben oder erzählt, die uns an dem Tag erfreut, zum Lachen gebracht, dankbar gemacht haben. Eine extrem leichte und effektive Übung, um gute Gefühle zu merken. Plötzlich richtet sich die Aufmerksamkeit schon während des Tages auf die kleinen, unspektakulären, schönen Dinge und Gefühle: ein Lächeln des Busfahrers, das Licht, das fächerartig durch die Wolken fällt, der Ruf des Käuzchens am Abend, die staufreie Fahrt, die Entschuldigung nach einem Streit, der köstliche Streußelkuchen, der unverhofft gefundene Parkplatz, eine hilfreiche E-Mail, ein gutes Gespräch, der Kuss, die fertig gestellte Excel-Tabelle und vieles andere. Sie alle helfen dem Glück in uns förmlich auf die Sprünge.

Glück ist nicht mit Luxus oder Wohlstand gleichzusetzen. Das ahnt jeder von uns. Dennoch lassen sich viele Menschen leicht von teuren, imposanten Dingen anziehen und beeindrucken. Alain de

Botton, Initiator der Londoner »The School of Life«, vermutet, dass Gegenstände auf einer materiellen Ebene symbolisieren, was wir auf seelischer Ebene suchen oder nötig haben. Das luxuriöse Haus als Ersatz für die Sehnsucht nach einem Ort, an dem wir geborgen und sicher sind, oder die teure Uhr als Statussymbol auf der Suche nach Beachtung und sozialer Anerkennung? Prüfen Sie doch einmal für sich selbst, ob Sie der Theorie von de Botton zustimmen können. Es ist spannend zu reflektieren, was ich mir kaufe und warum. Allein diese Frage kann helfen, der raffinierten Werbung mit bewusstem Kaufverhalten zu begegnen. Vielleicht ist Ihnen im Bekanntenkreis oder in Magazinen ein Trend aufgefallen, der sich *downshifting* nennt. Dieses »Herunterschalten« im Konsumkreislauf ist eine gute Möglichkeit, dem Wesentlichen im eigenen Leben und damit dem persönlichen Glück wieder näherzukommen. Es gibt immer mehr Menschen, die für sich entschieden haben, weniger zu besitzen. Damit verweigern sie sich dem Modus »Ich habe - also bin ich«. Nicht, dass wir uns falsch verstehen. Wir predigen keinen allgemeinen Konsumverzicht. Und wer salopp sagt, Geld macht nicht glücklich, dem kann man nur empfehlen: Dann verschenk es doch!

Wir alle wissen, dass Geld wichtig ist! Denn Geld steht für finanzielle Unabhängigkeit. Es ist ein Mittel zum Zweck, eigenen Neigungen nachzugehen, das Leben zu erleichtern, Gutes zu tun und Entscheidungen unabhängiger von anderen umzusetzen. Allerdings ist Geld allein offensichtlich nicht der entscheidende Faktor für persönliches Lebensglück.

Es geht nicht ums Geld, es geht um den Sinn im Leben und um die Lebendigkeit, die Lebensfreude und Zufriedenheit. Da kann es durchaus hilfreich sein, das Konsumleben zu hinterfragen, um den eigentlichen Träumen eher auf die Spur zu kommen und ihnen tatsächlich »entgegenzuleben«. Im Idealfall kommt man dann zu der Aussage: Ich bin glücklich, weil ich das Leben liebe, das ich führe! Oder ich bin glücklich, weil ich mit dem, was ich tue, einen Nutzen stifte, etwas auf dieser Welt verändern kann.

Um dahin zu gelangen, ist tatsächlich viel innere Arbeit erforderlich: Selbsterkenntnis, Wünsche prüfen und abwägen, negative Emotionen möglichst kleinhalten und positive Gefühle kultivieren. Wer diese Arbeit wagt, der kann erleben, dass die Lebenszufriedenheit ganz langsam wächst. Glück lässt sich nicht erzwingen, aber es kann die Frucht einer achtsamen inneren Haltung sein.

Wo die Menschen glücklich sind

Die beiden Grundbedürfnisse von Verbundenheit und Autonomie befriedigt leben zu können, das macht glücklich.

Es reicht nicht aus, allein glücklich zu sein. Wichtig ist auch, dass Menschen um uns herum glücklich sind. Ein Mensch braucht die Verbundenheit zu anderen und gleichzeitig die Freiheit, seinen Weg zu gehen. Die beiden Grundbedürfnisse von Verbundenheit und Autonomie befriedigt leben zu können, das macht glücklich. In den 365 Tagen, die wir in Westkanada lebten, haben wir zahlreiche Erlebnisse dazu gesammelt. Vor allem im Winter saßen die Großfamilien gerne in den Blockhäusern zusammen, trafen sich Fremde im Pub oder Café, sammelten sich Freunde und Bekannte am Feuer und pflegten dort eine sehr herzliche Kultur der Begegnung. Man sang, teilte mitgebrachte Köstlichkeiten, tauschte Meinungen aus und Nützliches für das Haus. Und auf der anderen Seite war jeder frei zu gehen und zu kommen. Wer allein sein wollte, der ging raus an den See zum Eisangeln, zum Skilaufen in die Berge oder zum Wandern in den Wald. Jeder hatte die Möglichkeit, das eigene Leben zu gestalten, und gleichzeitig gab es ein weitläufiges, aber verlässliches Netz von sozialer Nachbarschaft. Dieses Netz fing Menschen auf, sobald eine Notlage entstand. Wir haben erlebt, dass alle Nachbarn sofort in die Pickups stiegen, um dabei zu helfen, die ausgebrochene Kuhherde zusammenzutreiben. Als unser Auto einmal total streikte und wir ratlos die Kühlerhaube öffneten, war das ein Signal für andere. Sofort hielten Autos an, fragten Menschen, wie sie uns helfen könnten. Es war unglaublich. Allein die schlichte Formulierung »How are you?« – »Wie geht es dir?«, die man im Supermarkt, an der Tankstelle, aber auch beim Treffen unter Freunden als erstes zu hören bekommt, tut gut!

Es ist für uns Deutsche ungewöhnlich, wenn uns jemand mit der Frage nach unserem Wohlbefinden begrüßt. Ganz kritisch behaupten einige Menschen daraufhin, es sei eine bloße Floskel und nicht mit ernst gemeinter Nachfrage zu verwechseln. Doch wir jedenfalls haben es anders erlebt. Dieses »How are you?« war immer einladend, einen Kontakt aufzubauen und sich als Mensch zu begegnen.

Kanada ist eines der Länder, die in Bezug auf Lebensglück oben auf der Hitliste stehen. In der Datenbank »World Database of Happiness« werden weltweite Ergebnisse der Glücksforschung zusammengestellt. Maike van den Boom, die wir im Interview zu diesem Kapitel noch zu Wort kommen lassen, hat als »Auslandskorrespondentin des Glücks« Forscher und Menschen in den 13 Ländern auf dieser Welt besucht, welche regelmäßig diese Hitliste des Glücks anführen. Von ihnen lässt sich lernen, welche Faktoren zum Glück beitragen, auch wenn die Kulturen und sogar der Lebensstandard höchst unterschiedlich sind. Jetzt sind Sie sicher neugierig, welche Länder dies sind. Wir empfehlen Ihnen einen Blick auf die unterhaltsame und informative Webseite zum Bestseller von Frau Van den Boom.[39] Dort sind von Kanada bis Panama wunderbar authentische Lebensglückliche aus allen 13 Ländern mit ihren Erfahrungen zu Wort gekommen. Lassen Sie sich mitreißen, nachdenklich machen und inspirieren. Denn ob Sie glücklich sind und wie Sie es werden können, das wissen Sie ganz allein am besten.

Glück ist eine Entscheidung. Wenn Sie glücklich sein wollen, dann muss »das gute Leben« nicht irgendein fernes Ziel oder ein beliebiger Punkt auf der To-do-Liste sein, sondern die oberste Priorität. Glück ist eine Lebenseinstellung. Menschen, denen die Zufriedenheit und das Wohlbefinden in ihrem Leben wichtig ist, sind bereit, dafür etwas zu tun. Glück setzt übrigens nicht die Abwesenheit von Unglück voraus. Das ist das Spannende. Glückliche Menschen können sehr wohl auch traurig, nachdenklich, verzagt oder verzweifelt sein. Das Schicksal lässt sich nicht biegen und bestimmen. Doch glückliche Menschen tragen im Kern die Zuversicht in sich. Sie sind oftmals seelisch widerstandsfähig und daher in der Lage, Jammertäler und Krisen selbstständig zu überwinden. Glück ist viel mehr als eine private Lebenseinstellung. Glück ist eine Sache, die uns alle angeht, denn wir sind soziale Wesen, Teil einer Gemeinschaft, eines Teams oder einer Familie. Die eigene Haltung hat eine Wirkung auf andere!

Glück ist eine Entscheidung. Wenn Sie glücklich sein wollen, dann muss »das gute Leben« nicht irgendein fernes Ziel oder ein beliebiger Punkt auf der To-do-Liste sein, sondern die oberste Priorität.

Wenn wir früher einen Babysitter holten, um endlich mal wieder zu zweit ins Kino zu gehen, rechtfertigten wir uns diesen Luxus mit dem Spruch: »Geht's den Eltern gut, geht's den Kindern gut.« Die Wahrheit dieser Aussage kann man auf vielen Lebensfeldern überprüfen. Wer mit sich und seinem Leben im Einklang ist, der wird seiner Umwelt mit deutlich mehr Toleranz, Friedfertigkeit, Humor oder Interesse begegnen. Darin liegt der Schlüssel zum gemeinschaftlichen Glück. Es muss uns gut gehen, wollen wir der Welt unser Bestes geben! In diesem Sinne ist die Suche nach Glück ein Stück soziale Verantwortung. Viele Kanadier, aber auch Schweden oder Schweizer sind beispielsweise glücklich, wenn sie anderen helfen, sie mit Respekt oder Rücksicht behandeln können. Maike van den Boom hat aus ihren Reiseerfahrungen und Gesprächen mit Glücksforschern einige Aspekte herausgearbeitet, die uns hier in Deutschland helfen, das Glücksempfinden zu steigern. Uns haben im Blick auf dieses Buch vor allem die Erfahrungen interessiert, die direkt mit der Natur und Wildnis zusammenhängen. Hilft uns die Natur, glücklicher zu werden?

Natürlich glücklich

Um diese Frage zu beantworten, nehmen wir Sie mit auf eine imaginäre Reise in die nördlichen Länder Europas.

In der Strandgate 93 in Kopenhagen steht ein altes, schlicht anmutendes Speicherhaus. Vor dem langgestreckten Gebäude gibt es statt eines Vorgartens Anlagen von begrünten, moosigen Hügeln. Wer ihn kennt, fühlt sich erinnert an den nordischen Wald und kann sich kleine Trolle vorstellen, die unter den großen Findlingen hervorschauen.

Im Erdgeschoss des Hauses befindet sich das Restaurant »Noma«. Es ist nicht irgendein Restaurant, sondern laut Meinung der Fachpresse zum wiederholten Male das beste Restaurant der Welt! Schon vor der Tür wird der Gast durch die Außenanlagen auf das Konzept des »Noma« eingestimmt. Chefkoch René Redzepi setzt radikal auf regional. »Noma« ist eine Abkürzung und steht für *nordisk* (nordisches) *mad* (Essen). Als das »Noma« 2003 seine Türen öffnete, dachten sich die Köche ganz besondere Gerichte aus. Inspiriert von den Rezeptideen aus einem alten Überlebenshandbuch der schwedischen Armee orientierten sie sich an dem, was die pure Natur des Nordens zum Essen bot. Das bedeutet, dass es im »Noma« kein südländisches Gemüse und auch keine Kräuter der Provence gibt. Es gibt weder Ananas noch Lavendelparfait. Doch es gibt von Molte- bis Blaubeeren, von Pilzen, Moosen und Wurzeln bis hin zu frischem Meeresfisch und heimischen Kräutern die Bandbreite der nordischen Region. Und diese landet natürlich außergewöhnlich zubereitet, fantasievoll im nordischen Ambiente präsentiert auf dem Keramikteller.

Redzepis Speisen haben das Aroma des dänischen Waldes und bestehen aus uralten skandinavischen Rezepten. Er möchte, dass die Gäste diese Speisen mit allen Sinnen genießen. Sie sollen schmecken, riechen und die Augen aufmachen, um achtsam für den Wert wirklich guter Nahrung zu werden. Und wer schon mal in Schweden, Norwegen oder Dänemark unterwegs war, der weiß, dass man sich kaum satt essen kann an aromatischen Heidelbeeren, dass sich der Holunder zu Saft, Suppe oder Gelee verarbeiten lässt, dass frische Äpfel köstlich duften und schmecken oder dass die Pilze, so man sie denn kennt, eine Gaumenfreude sind. Redzepi teilt die Saison im »Noma« in drei große Abschnitte. Von Januar bis April, wenn der Boden frosthart ist, zelebriert er die Welt des Ozeans auf dem Teller. Bis hin zu Geschirr und Arrangement orientiert sich alles an der Schönheit, Weite und Tiefe des Meeres. Im Mai, wenn der Frühling den Norden mit einem frischen Grün überzieht, wenn die Nächte lang und sonnenhell sind, kommt alles auf den Tisch, was blüht und im Garten wächst. Mit anderen Worten, es wird vegetarisch gekocht. Von September bis Dezember schließlich nutzen Redzepi und sein Team die Angebote von Geflügel und Fleisch.

So orientiert sich das ganze Handeln der Noma-Betreiber am Kreislauf der Natur. Kein Wunder, dass dieses Konzept durchdringt, auf die Zunge, den Magen, die Stimmung der Kunden. Ganz ähnliche Erfahrungen haben viele Menschen gemacht, sobald sie mit Zutaten arbeiten, die sie selbst gesammelt oder geerntet haben. Aus dem Garten auf den Tisch ist nicht nur eine ökologisch kluge Kombination. Warum erzählen wir Ihnen davon? Was dieser Sternekoch vormacht, halten wir für eine gute Rezeptur des Glücks weit über Gaumenfreuden hinaus. Verlangsamen, vertiefen, verfeinern und verwenden. Dies lehrt uns die Natur.

Die Rhythmen der Natur sind nicht zu beschleunigen, oder konnten Sie schon einmal den Frühling herbeizwingen? Wir tun gut daran, uns ihnen anzupassen, sie zu zelebrieren und dann für uns zu nutzen. Wenn Menschen mit der Natur in Tuchfühlung, ja sogar im Einklang leben können, so werden sie davon stärker. Wir sprechen davon, geerdet zu sein. Ein so verwurzelter Mensch übersteht die Stürme des Lebens besser. Vertiefen meint, ganz bei dem zu sein, wofür man sich gerade entschieden hat, und dabei eine tiefere Dimension zu erreichen. Wer das Kochen vertieft, das Gespräch vertieft, die Arbeit vertieft oder das Spielen mit einem Kind vertieft, kann so eintauchen, dass jegliches Multitasking überflüssig wird. Wer sich einer Sache ganz hingibt und nicht zwischen verschiedenen Dingen hin- und herspringt, schafft die beste Voraussetzung, dass sein Tun in einen Flow hineinführt. Man ist dann im Fluss, in bester Weise ganz im Tun und ganz im Jetzt. Wer das hin und wieder erlebt, der genießt diese kraftvollen Momente.

Im Flow können wir geben, ohne auszubrennen oder uns zu verlieren. Verfeinern meint, sein jeweils ganz Eigenes hinzuzugeben. Ein Sternekoch macht das Essen zu einem Unikat und gibt dem Gast das Gefühl, etwas Außergewöhnliches zu bekommen. Jeder Mensch, der glücklich sein will, braucht diese Fähigkeit, seinem Leben »Sterne« zu verleihen. Je mehr wir in der Lage sind, unser Tun, unsere Beziehungen, unsere Arbeit zu etwas ganz Besonderem zu machen und sie mit unserer ganz eigenen Liebe oder Kreativität zu verfeinern, desto mehr wird davon ausgehen. Was wir geben, kehrt in der Regel auf neue Weise zu uns zurück. Probieren Sie es aus.

Von den Menschen des Nordens hat nicht nur Maike van den Boom auf ihren Reisen gelernt. Viele Menschen zieht es trotz des riskanten, oft kühlen Wetters im Sommer nach Schweden, Norwegen, Dänemark, Finnland oder gar Island. Wir gehören auch dazu. Die Wucht und Faszination der Natur, je weiter man im Norden ist, beeindruckt uns stets aufs Neue. Der Himmel wirkt weiter, die im Wald verstreuten riesigen runden Felsbrocken sehen aus, als hätte sie ein Riese nach dem Spielen liegen gelassen, Flüsse verströmen sich, Seen gehen scheinbar endlos ineinander über. Und überall kann man theoretisch langlaufen, achtsam ein Feuer entzünden, für eine Nacht das Zelt aufschlagen, Beeren sammeln und Bären begegnen. Man bekommt das Gefühl, ein Teil des Ganzen zu sein, dem Rhythmus von Tieren und Natur zu folgen. Die Natur gibt den Menschen Zeit und Ruhe zurück. Sie ermöglicht uns, den eigenen, oft verlorenen Rhythmus wiederzufinden. *Allemansrätten* nennen die Schweden das uralte Recht für Jedermann, sich in der Natur aufzuhalten. Einzige Bedingung ist, den eigenen Kopf einzuschalten, sich angemessen in der Natur zu verhalten und niemandem zu schaden. Das setzt natürlich voraus, dass man weiß, wann und wo ein Feuer angemessen ist, wie man seine Notdurft vergräbt und dass man seinen Müll mitnimmt. Wer angemessenen Abstand zu bewohnten Grundstücken oder Häusern hält und seinen Menschenverstand benutzt, der hat in Schweden das Recht, sich in der Natur ganz selbstverständlich aufzuhalten. Und genau das tun die Nordländer mit Hingabe. Die meisten Bewohner haben eine Hütte, ein *Sommarhus*, ein Grundstück im Fjäll, Wald oder am See, in das sie sooft wie möglich hinausfahren. Gemeinschaft, Freiheit, Verantwortung – drei Säulen, auf denen funktionierendes Gemeinwohl, aber auch das ganz persönliche Glück ruht. Die Natur aktiviert förmlich nebenbei unsere Fähigkeit zum Spiel und zur Bewegung. Dort draußen balanciert man leichter über Bäume, steigt über Steine durch den Fluss, wirft Stöcke, klettert irgendwo hoch oder kugelt sich durch den Sand. So etwas kommt einem mitten in der Stadt oder im Vorgarten kaum in den Sinn. Regelrecht auftanken können wir in der Natur und das Glücksprogramm kostet nicht mal was. Laufen Sie barfuß, schlafen Sie unter Sternen, baden Sie im Sonnenlicht, lassen Sie sich vom Wasser tragen, vom Wind zerzausen oder vom Regen sanft berühren – alles wird Sie lebendiger machen. Gut, zuerst macht es Sie möglicherweise nass, munter, frisch oder müde, dann aber vermutlich ganz wunderbar glücklich.

Das Glück vor der Haustür

Es gibt Menschen wie Astrid Mittelstaedt, die diese Erkenntnis beruflich nutzen und es sich zur Aufgabe gemacht haben, andere mit dem Vitamin N und der ungenutzten Glücksquelle Natur bekannt zu machen. Das Motto der Wildnis- und Naturpädagogin lautet: Das Leben findet draußen statt – deswegen raus ins Glück! Die studierte Geografin ist seit 2009 freiberuflich tätig und bietet Wildnistrainings, Naturseminare und Umweltbildung an. Wir sind

eher zufällig auf ihre Internetseite aufmerksam geworden.[40] Als Olaf im Terminkalender sieht, dass die Rheinländerin aktuell mit einer Gruppe im Elbsandsteingebirge, also förmlich vor unserer Haustür, unterwegs ist, setzt er sich ins Auto. Er will Astrid Mittelstaedt gerne in Aktion erleben. Also fährt er die knappe Stunde nach Schmilka und wandert zum Großen Winterberg, wo die Gruppe ihr Quartier hat. Es ist schon längst Zeit zum Abendessen. Eine Stunde wartet er – der Koch im Haus ebenfalls. Dann sind die ersten erschöpft wirkenden Gestalten am Waldrand zu sehen. Doch die Gesichter spiegeln neben Anstrengung vor allem Zufriedenheit wieder, als sie in der Baude eintreffen. Den ganzen Tag über waren sie draußen. Nein, der Wind hat ihnen nichts ausgemacht, und ja, die Astrid kommt noch. Sie ist bei den letzten dabei, wie sich das für einen guten Guide gehört.
Die zierliche Frau reagiert erstaunlich gelassen auf den unerwarteten Besuch und seinen Gesprächsbedarf. Drinnen hat das Essen längst begonnen, doch sie nimmt sich Zeit. Dass sie mit ihrem Beruf genau das macht, was sie liebt, nämlich Zeit in der Natur zu verbringen, und dass sie damit anderen Menschen einen eigenen Zugang zu dieser Kraftquelle ermöglicht, erfüllt sie mit Sinn und Freude. Beides zusammen stiftet Glück. Das Glück, zur rechten Zeit am richtigen Ort zu sein und zu tun, was man am besten kann. Darüber hinaus gibt es nur noch eine Erkenntnis von Astrid Mittelstaedt: Glück mit anderen zu teilen, damit es sich vermehrt.
Unserer Überzeugung nach führt der Weg zu einem sinnvollen, erfüllten und glücklichen Leben über das bewusste Erleben des Augenblicks und die Verlangsamung. Wir können und sollten die Radieschen lieber von oben als von unten betrachten. Es liegt bei uns, ob wir uns die Zeit dafür nehmen wollen. Die Natur ist vor unserer Haustür. Der Reichtum des Lebens ist dort draußen zu finden. Deshalb RAUS INS GLÜCK!

Coaching to go

Teilen Sie das Glück

Bestätigen Sie andere in dem, was sie gut können, und geben Sie durch eine eigene zuversichtliche Haltung ein Beispiel. Vor allem aber reden Sie über das, was Sie glücklich, zufrieden, zuversichtlich macht. Glück darf man Ihnen ansehen und abspüren.

Essen Sie sich glücklich

Suchen Sie sich eines der Lieblingsgerichte Ihrer Kindheit heraus und zwar eines, das man aus natürlichen Zutaten frisch zubereitet (also Pommes zählen hier nicht!). Kochen Sie sehr bewusst und nehmen Sie sich die Zeit, das Essen am besten mit einigen Freunden gemeinsam zu zelebrieren und zu genießen.

Steigern Sie Ihr Glück durch Aufschieben

Schieben Sie die Erfüllung eines Wunsches bewusst einige Zeit auf. Es ist gerade in unserer konsumorientierten Gesellschaft wichtig, nicht jeden Wunsch unmittelbar zu erfüllen. Nicht alles ist zu jeder Zeit gut, machbar oder zu haben.
Je mehr Sie lernen, ein Bedürfnis auch einmal eine Weile auszuhalten, desto stabiler werden Sie im Umgang mit Krisen und desto größer wird Ihr Glücksempfinden, wenn das Bedürfnis dann erfüllt wird.

Feiern Sie das Glück

Laden Sie diese Woche ganz gezielt jemanden ein, mit dem Sie das Glück des Lebens feiern. Keine Sorge, Sie brauchen keine riesige Party machen. Klein und fein, aber herzlich und persönlich kann es zugehen. Mit wem trinken Sie ein gepflegtes Glas Wein, essen einen Eisbecher, grillen am Feuer ein Stockbrot oder rollen Sie Sushi?
Sollte es wirklich niemanden in Ihrem Umfeld geben, der mitfeiern will oder kann, so feiern Sie das Fest des Lebens mit sich selbst. Denn eines steht fest: Ihr Leben ist einmalig und es ist es wert, gefeiert zu werden!

Einfach glücklich

GESPRÄCH MIT MAIKE VAN DEN BOOM

Die blonde, zierliche Frau öffnet uns gut gelaunt die Tür. Silbergraue Seidenbluse zu einer schmalen grauen Hose, passender Gürtel, dezenter Schmuck und strümpfig. Ich erinnere mich, dass wir Maike van den Boom schon einmal ohne Schuhe erlebt haben. Das liegt drei Jahre zurück. Damals bekam sie bei einer großen Galaveranstaltung in München ihr Zertifikat als Rednerin überreicht, während Olaf und ich noch Anwärter für diese Ausbildung waren. Maike van den Boom war auch damals schon äußerst geschmackvoll gekleidet, lief anmutig auf himmelhohen Absätzen über die Bühne und tanzte an dem Abend barfuß in der Bar.

Wir fanden das wunderbar, eigenwillig und erfrischend anders. Darauf angesprochen, lacht sie herzlich und sagt, man könne unmöglich den ganzen Abend in Highheels verbringen, wenn man wirklich Spaß haben will. Den Charme und ihre natürliche Direktheit hat sie sich bewahrt, ebenso den holländischen Akzent. Ansonsten hat sich seither viel verändert. Maike interessierte sich mächtig für das Thema Lebensglück und dafür, was man selbst dazu beitragen kann. Sie hatte den Traum, etliche der Länder zu bereisen, die regelmäßig in Studien als glücklichste Länder der Welt benannt werden. Sie wollte vor Ort erkunden, was die Menschen so glücklich macht und ob man daraus Erkenntnisse für mehr Lebensglück hier in Deutschland ableiten kann. Darüber wollte sie ein Buch schreiben, das heraussticht aus der Fülle allgemeiner Glücksratgeber und Menschen bewegt, ihr Glück nicht dem Zufall zu überlassen.

Es gibt eine Menge Glücksforscher, die sich seit Jahren mit diesem Thema befassen und Maike van den Boom kannte sie alle dem Namen nach. Es war an der Zeit, das Wissen an Ort und Stelle in persönlichen

Gesprächen zu vertiefen. Dachte sie. Plante grob. Entwickelte einen Masterplan mit Konzeption und Reiseroute.
Das wäre an sich nichts Außergewöhnliches, doch Maike van den Boom ist Mutter einer kleinen Tochter und alleinerziehend. Außerdem arbeitete sie damals noch als Angestellte in Teilzeit und konnte nicht auf ein Sparschwein im Hintergrund zurückgreifen. Viele Menschen würden ihren Traum an dieser Stelle begraben. Wie will man die Reise finanzieren? Wer betreut die Tochter? Wie überzeugt man den Arbeitgeber von einer befristeten Auszeit? Wie schreibt man einen Bestseller und wie findet man den passenden Verlag? Schritt für Schritt, oft wagemutig, manchmal trotzig, getrieben von einer Vision voller Zuversicht ist es ihr gelungen, das Projekt umzusetzen. Drei Monate unbezahlter Urlaub, Eltern und Freunde, die ihrer Tochter ein Zuhause gegeben haben, während sie neun Wochen auf Reisen war, kluge Verhandlungen und eine große Portion Glück haben dazu geführt, dass ihr Buch »Wo bitte geht's denn hier zum Glück? Meine Reise durch die 13 glücklichsten Länder der Welt und was wir von ihnen lernen können« tatsächlich ein Bestseller wurde.
Heute ist Maike van den Boom eine gefragte Autorin und hält inspirierende Vorträge über das Glück der Werte. Dass sie bei all dem Glück durchaus noch Bodenhaftung hat und selbst immer wieder damit herausgefordert ist, ihr Wissen persönlich umzusetzen, erzählt sie uns bei dem Interview am Rande der Buchmesse in Frankfurt.

Maike, du hast Island, Norwegen, Schweden, Finnland, Dänemark, die Schweiz, Luxemburg, Kanada, Panama, Costa Rica, Kolumbien, Mexiko und Australien als glückliche Nationen besucht. Wieso gerade diese 13 Länder?
Glücksreporte, Studien und weltweite Erhebungen gibt es viele. Ich habe als Basis für meine Reise die »World Database of Happiness«, eine Datenbank der Erasmus-Universität in Rotterdam, gewählt. Dort werden derzeit circa 9.000 wissenschaftliche Publikationen von Professor Ruut Veenhoven und einem Team von Wissenschaftlern

ausgewertet. Professor Veenhoven forscht schon seit mehr als 30 Jahren zum Thema Glück. Die genannten 13 Länder nehmen immer wieder die vorderen Plätze in Recherchen zum Thema nationales Glücksempfinden ein, während Deutschland weit davon entfernt auf Platz 29 landet. Es sind ja ganz unterschiedliche Länder global gesehen, vom Pro-Kopf-Einkommen, den Bildungschancen, der Sicherheit her oder in Bezug auf Vegetation und Witterung. Offensichtlich stimmt die kurze Gleichung »Geld ist Glück« nicht. Was also macht glücklich? Darauf und auf die Vielfalt der Antworten war ich gespannt. Die Zahl 13 finde ich eher witzig, denn während sie für die einen eine Unglückszahl ist und es in den USA keine 13. Stockwerke oder 13. Stuhlreihe im Kino gibt, mögen die Mexikaner die Zahl 13 außerordentlich. Daher die kleine Provokation, die »13« und das Glück in einem Satz zu verbinden.

Wir haben viel über den Zusammenhang von Natur und menschlichem Wohlbefinden recherchiert. Daher unsere Empfehlung: Einfach raus ins Glück! Inwiefern spielt die Natur und das Rausgehen für die Menschen eine Rolle, die du in 13 Ländern getroffen und interviewt hast?
Die meisten Menschen in den Glücksländern fühlen eine starke Verbundenheit mit der Natur. Vor allem die in den nördlichen Ländern. Und das, obwohl sie regelmäßig durch dunkle Wintertage stapfen. Aber auch die Kanadier und Australier, die das große Glück haben, in direkter Nähe von großartiger, überwältigender Natur zu sein, sind einfach viel draußen. Die Natur erdet die Menschen. Wildnis ist mächtiger als unser Wollen und macht dementsprechend demütig. Wir sind nun einmal nicht mehr als ein Krümel auf Erden. Menschen lernen in dieser Umgebung, dass nicht alles machbar und möglich ist. Oder, wie Christian, der Besitzer einer Espressobar in Göteborg, so schön sagt: »In Schweden haben wir viel Natur, und ich glaube, die Natur hat eine gewisse Kraft. Sie macht dich ruhig, und wenn du ruhig bist, ist es einfacher, glücklich zu sein.«

Gibt es etwas, was die glücklichsten Menschen verbindet?
Meistens haben solche Menschen die Erfahrung gemacht, dass Glück ohne Sand im Getriebe nicht zu haben ist. Sie wissen, dass Glück trotz oder gerade inmitten der Schwierigkeiten des Lebens zu finden ist.

Ein Buch über das Glück zu schreiben muss doch unmittelbar glücklich machen. Was hat sich für dich verändert, seit das Buch erschienen ist?
Ich habe mich verändert. Das wäre die kürzeste Antwort. Das, was ich erlebt, gehört und gesehen habe, hat mein Denken und Handeln beeinflusst. Heute bin ich zum Beispiel viel häufiger mit dem Fahrrad unterwegs. Früher bin ich selbst 20 Meter mit dem Auto gefahren. Ich weiß die kleinen Dinge mehr zu schätzen und finde mich selbst nicht so unglaublich wichtig. Trotzdem, wenn ich zurückblicke, dann kann ich kaum glauben, was ich alles bewegt habe, was ich alles gewagt habe und wie viele Dinge ich in kürzester Zeit zum ersten Mal in meinem Leben gemacht habe. Und das ist es, wofür es sich lohnt zu leben: Jeden Tag wieder etwas Neues zu wagen. Auch wenn es mir in schöner Regelmäßigkeit eine schlaflose Nacht bereitet. Denn, und das haben mir die Glücksländer alle mit auf den Weg gegeben: »Du hast nur dieses eine Leben. Mach das Beste draus!« Die neun Wochen der Reise waren ein einziger Super-Flow bei aller Anstrengung. 13 unterschiedliche Länder, dort mit unzähligen Menschen sprechen, die Kameratechnik beherrschen lernen, Interviews führen und, wieder zu Hause, rund dreißig Stunden Filmmaterial zu transkribieren. Es ist mir gelungen, einen großen Verlag zu begeistern. Als ich den Autorenvertrag in der Tasche hatte, habe ich meine Stelle gekündigt. Seitdem bin ich als Autorin und als Rednerin selbstständig tätig. Dadurch komme ich viel herum. Ich habe neuerdings eine Mitbewohnerin aus Lettland in meine Wohnung aufgenommen. Das Fremde ist eine große Bereicherung. Ich weiß, dass ich zum Glück viel beitragen kann, und das versuche ich auch zu tun.

Gibt es eines der Glücksländer, in das du gerne noch einmal für längere Zeit reisen würdest?
Kanada steht ganz oben auf meiner Liste. Die Menschen dort sind so herrlich entspannt und offen. Ich habe selten so hilfsbereite, relaxte Leute getroffen. Sie sind, mit einem Wort gesagt, tiefenentschleunigt. Außerdem ist die Natur grandios. Dort würde ich gerne mit meiner Tochter noch einmal hinfahren und ihr dort einen Schulaufenthalt ermöglichen. (Das können wir natürlich nur zu gut verstehen!)

Welche drei Empfehlungen geben uns die glücklichen Nationen, um mehr Glück und Lebensfreude zu empfinden?
Speziell für uns Deutsche? Die erste Empfehlung lautet, die Vergangenheit loszulassen und mehr Eigenliebe zu entwickeln, frei nach dem Motto: »Ihr seid gut genug!« Zweitens weniger Druck und Müssen – also auch mal mit 80 Prozent zufrieden sein statt immer perfekt sein zu wollen. Drittens wertschätzen was man hat. Dazu muss man wahrnehmen können, was schon da ist, und sich weniger vergleichen.
Andere Länder nehmen uns Deutsche als perfektionistisch und kontrolliert wahr. Das ist zwar ein Baustein unseres Erfolges, schränkt uns aber auch sehr in unserer Entfaltungsmöglichkeit und persönlichen Freiheit ein. Dazu gehört auch die Bereitschaft zu scheitern, und die ist bei uns nicht so ausgeprägt. Scheitern macht aber flexibel und darin sind die Glücksländer ganz groß: In der Gabe zur Improvisation. Dazu gehört es aber auch, sich mal zu trauen loszulassen. Wenn wir es lernen können, Spaß zu haben bei dem, was ist, zu akzeptieren, dass wir gut genug sind, und bei alledem auch mal mit 80 statt 100 Prozent zufrieden sind, dann würde es das nationale Glück um Dimensionen steigern.

Du sprichst davon, dass Glück eine Lebenseinstellung, eine bewusste Entscheidung ist. Was heißt das heute für dich und welche Anregung gibst du den Leserinnen und Lesern?

Mich persönlich macht heute das neblige, herbstliche Wetter glücklich. Es ist so poetisch. Ich habe den ersten Schnee der Saison gesehen. Da freue ich mich schon auf eine weiße Weihnacht. Das ist großartig.
Es ist meine bewusste Entscheidung, diese Dinge sehen zu wollen und ihnen Bedeutung zu geben. Viele Leute denken, ich will glücklich sein, aber es darf nichts kosten und nicht anstrengend sein. So funktioniert das nicht. Sie drehen dann lieber an den kleinen Schrauben des Lebens: ein bisschen mehr Sport, ein bisschen gesünder essen, vielleicht mal fünf Minuten Pause machen. Wenn sich die großen Räder unseres Lebens in die entgegengesetzte Richtung drehen, erschaffen wir uns so zwar kleine Glücksmomente, aber kein langandauernd glückliches Leben. Bei den großen Rädern dreht es sich um Fragen wie: »Vielleicht sollte ich den Job kündigen und weniger Status in Kauf nehmen, aber dafür das machen, wovon ich immer schon geträumt habe?« Es geht um Arbeitszufriedenheit, Beziehungen und Lebenssinn. Wenn das große Rad richtig in Schwung kommt, drehen sich die kleinen Schrauben automatisch mit. Unser Leben frei zu gestalten, uns einer Gemeinschaft verpflichtet zu fühlen, die glücksfördernden Werte zu leben, das ist etwas, was wir tun können, um aus unserem Leben das Beste zu machen. Wer gut für die eigene Lebenszufriedenheit sorgt, der macht nicht nur sich, sondern auch andere glücklich. So gesehen ist der größte Dienst, den Sie der Menschheit erweisen können, selbst glücklich zu sein.

Maike van den Boom versteht sich als Botschafterin des Glücks. Die Autorin ist studierte Kunsttherapeutin. Sie arbeitet als selbstständige Trainerin und freie Rednerin. Mit ihrer Tochter lebt Maike van den Boom in Bonn. www.maikevandenboom.de

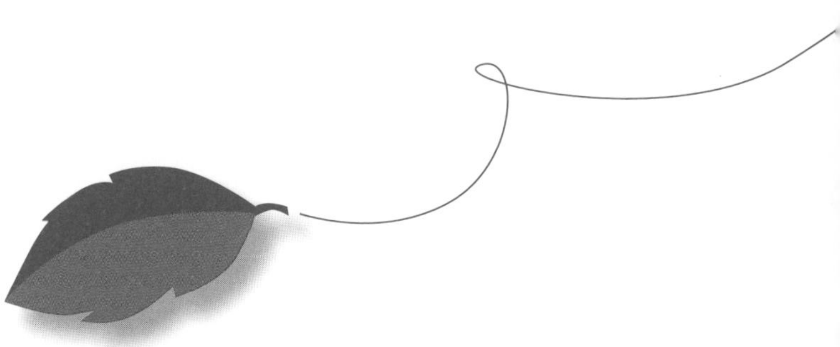

Schluss: Kraft aus der Natur schöpfen

Es ist Ende Oktober. Draußen sind 16 Grad, die Wildgänse ziehen über uns hinweg und wir sitzen tatsächlich draußen am Holztisch vor dem Haus, um dieses Buch zu einem guten Ende zu bringen. Noch nie zuvor haben wir an einem Projekt so intensiv im Freien gearbeitet.
Wir können berichten, die alte Boofe haben wir auf einer Tageswanderung wieder entdeckt und im Freien übernachtet haben wir einige Male, denn wir wollten testen, ob es uns hilft, einfallsreich und kreativ zu denken. 80 Prozent dieses Buches sind tatsächlich unter freiem Himmel geschrieben worden: unter den Bäumen mitten im Schwarzwald, in den Bergen am Comer See, im Hof des fürstlichen Marcolinihauses in Moritzburg, auf unserer Holzterrasse, im Garten von Freunden oder in Hamburg mit Blick auf die Elbe. Wir haben erlebt, dass ein schöpferischer Prozess um ein Vielfaches besser ist, wenn er in der Natur stattfindet, egal wo wir gerade sind.
Wer sich so gut fühlen will, dass er »Bäume ausreißen« könnte, dem empfehlen wir mit einem Augenzwinkern, Bäume zu umarmen. Dass Sie nach dieser Lektüre die Natur als Kraftquelle für sich entdecken, wünschen wir Ihnen von Herzen.
Bleiben Sie stark im Leben!

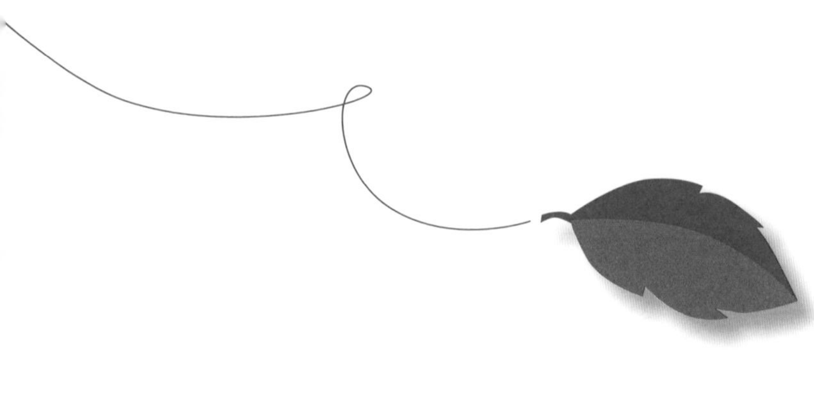

Danke

An erster Stelle danken wir unseren wunderbaren Interviewpartnern Pia Schaf, Gaby Bohle, Karlheinz Geißler, Wolfgang Schlund, Sonja Endlweber, Pater Anselm Grün, Gerald Hüther und Maike van den Boom. Sie haben mit großem Interesse, persönlicher Offenheit und einer hoher Verbindlichkeit an diesem Projekt mitgearbeitet. Für uns war jedes Gespräch eine enorme Bereicherung. Wir fühlen uns beschenkt!

Dass wir für dieses Buch ganz außerordentliche Schreiborte fanden, die uns sehr inspiriert haben, verdanken wir Patricia Hofmann, Frank Ullrich, Karin und Thomas Freund, Thomas und Susanne Hofmann und Barbara Kuster.

Die Anregung, über Mikroabenteuer vor der Haustür nachzudenken und auch hier eine Spur wilder zu leben, verdanken wir Florian Hofmann und Johannes Willmann. Euer Mega-Abenteuer, das parallel zu unserem Schreibprozess stattfand, hat uns bewegt, und eure Erfahrungen sind es wert, geteilt zu werden. (www.bikeeurasia.com)

Wie schon bei unseren vorigen Büchern war es ein Vergnügen, mit Andrea Langenbacher als Lektorin zusammenzuarbeiten. Danke für alle konstruktiven und kritischen Fragen, die Offenheit für neue Ideen und deine erfrischende Sicht der Dinge. Dass dieses Buch in unglaublich kurzer Zeit von einer Idee zum Projekt und nachfolgend zu einem innovativen Buch wurde, verdanken wir der neuen Programmleiterin im Patmos-Verlag, Claudia Lueg. Danke für Ihren Rückenwind!

Ihnen, liebe Leserinnen und Leser, möchten wir danken, dass Sie sich mit diesem Buch auf einen spannenden gedanklichen Weg eingelassen haben. Schreiben Sie uns gerne von Ihren tatsächlichen Erfahrungen, Ihren Raus-Zeiten und Kraftmomenten in der Natur. Sie können uns persönlich begegnen auf einem unserer Vorträge oder Seminare. Wir freuen uns auf Sie!

Ihre Beate & Olaf Hofmann

KONTAKT:
www.hopeandsoul.com

LITERATUR

Friedrich Assländer/Anselm Grün, Spirituell Zeit gestalten mit Benedikt und der Bibel, Münsterschwarzach 2008 | *Clemens G. Arvay,* Der Biophilia Effekt. Heilung aus dem Wald, Wien 2015 | *Christina Berndt,* Resilienz. Das Geheimnis der psychischen Widerstandskraft. Was uns stark macht gegen Stress, Depressionen und Burn-out, München 2013 | *Thomas M.H. Bergner,* Burnout-Prävention. Sich selbst helfen – das 12-Stufen-Programm, Stuttgart 2010 | *Maike van den Boom,* Wo gehts denn hier zum Glück? Meine Reise durch die 13 glücklichsten Länder der Welt und was wir von ihnen lernen können, Frankfurt am Main 2015 | *Christoph Burkhardt,* Durchbruch. Gute Ideen sind kein Zufall, München 2014 | *Gerhard Fitzthum,* Fluchtpunkt Wildnis. Der Wille zum Naturerlebnis zwischen Sehnsucht und Wirklichkeit, http://www.natursoziologie.de/files/wildnis-fitzthum_1502201357.pdf | *Ulrike Fokken,* Wildnis wagen. Warum Natur glücklich macht, München 2014 | *Anja Förster/Peter Kreuz,* Hört auf zu arbeiten! Eine Anstiftung, das zu tun, was wirklich zählt, München 2013 | *Ernst Fritz-Schubert,* Glück kann man lernen. Was Kinder stark fürs Leben macht, Berlin 2010 | *Karlheinz A. Geissler/Jonas Geissler,* Time is honey. Vom klugen Umgang mit der Zeit, München 2015 | *Anselm Grün,* Leben und Beruf. Eine spirituelle Herausforderung, Münsterschwarzach 2007 | *Anselm Grün,* Quellen innerer Kraft. Erschöpfung vermeiden – Positive Energien nutzen, Freiburg i.Br. 2005 | *Elmar Hatzelmann/Martin Held,* Vom Zeitmanagement zur Zeitkompetenz. Das Übungsbuch für Berater, Trainer, Lehrer und alle, die ihre Zeitqualität erhöhen möchten, Weinheim 2010 | *Beate Hofmann,* Einfach gut! Mit Leichtigkeit erfüllter leben, Ostfildern 2015 | *Beate Hofmann,* Zeit für dein Leben, Witten 2012 | *Helena Horn,* Wie Mondrian ihr Leben verändern kann. Downshifting – die neue Einfachheit, Basel 2014 | *Stefan Klein,* Einfach glücklich. Die Glücksformel für jeden Tag, Frankfurt 2004 | *Natalie Knapp,* Der unendliche Augenblick. Warum Zeiten der Unsicherheit so wertvoll sind, Reinbeck 2015 | *Sylvia Koch-Weser/Geseko von Lüpke,* Vision Quest. Visionssuche: allein in der Wildnis auf dem Weg zu sich selbst, Klein Jasedow 2009 | *Frederic Lenoir,* Über das Glück. Eine philosophische Reise, München 2015 | *Richard Louv,* Das letzte Kind im Wald. Geben wir unseren Kindern die Natur zurück, Freiburg i. Br. 2013 | *Richard Louv,* Das Prinzip Natur. Grünes Leben im digitalen Zeitalter, Weinheim 2012 | *Peter Müller,* Meine Sehnsucht bekommt Füße, Ein spiritueller Pilgerführer, München 2009 | *Marco von Münchhausen,* Wo die Seele auftankt. Die besten Möglichkeiten, Ihre Ressourcen zu aktivieren, München [7]2006 | *Luise Reddemann,* Eine Reise von 1000 Meilen beginnt mit dem ersten Schritt. Seelische Kräfte entwickeln und fördern, Freiburg 2004 | *Herbert Renz-Polster/Gerald Hüther,* Wie Kinder heute wachsen. Natur als Entwicklungsraum. Ein neuer Blick auf das kindliche Lernen, Fühlen und Denken, Weinheim und Basel 2013 | *Lothar Seiwert,* Zeit ist Leben, Leben ist Zeit, München 2013 | *Wolfgang Schlund/Georg Jehle/Charly Ebel,* 100 Jahre Bannwald Wilder See, Schriftenreihe ForstBW Band 85, Stuttgart, Seebach 2011 | *Gerhard Trommer,* Wildnis.Anmerkungen zu etwas, das in Mitteleuropa schon längst ausgerottet ist, http://waldwildnis.de/cd/archiv/trommer_g/lit_page.htm | *Günter Wamser/Sonja Endlweber,* Die Magie des Weges. 4 Jahre unterwegs mit Pferden, Rauenberg 2014 | *Sarah Wauquiez,* Was bringen Naturerlebnisse Kindern? Argumente, Erfahrungsberichte, Forschungsergebnisse, Fachverband Erleben und Bildung in der Natur, 2011 | *Detlef Wendler,* Beten. Heilsame Kräfte entdecken, Ostfildern 2012 | *Peter Wohlleben,* Das geheime Leben der Bäume. Was sie fühlen, wie sie kommunizieren – die Entdeckung einer verborgenen Welt, München 2015

ANMERKUNGEN

[1] Ken Robinson, In meinem Element. Wie wir von erfolgreichen Menschen lernen können, unser Potenzial zu entdecken, München 2010, S. 35 | [2] http://www.biokon.de/bionik/best-practices/ | [3] Robinson, S. 38 | [4] http://www.br-online.de/jugend/izi/deutsch/publikation/televizion/27_2014-1/vom%20Orde_was-foerdert-kreativitaet.pdf | [5] Clemens G. Arvay, Der Biophilia Effekt. Heilung aus dem Wald, Wien 2015, S. 80 | [6] Arvay, S. 71 | [7] Natalie Knapp, Der unendliche Augenblick. Warum Zeiten der Unsicherheit so wertvoll sind, Reinbeck 2015, S. 10 | [8] Peter Wohlleben, Das geheime Leben der Bäume. Was sie fühlen, wie sie kommunizieren – die Entdeckung einer verborgenen Welt, München 2015, S. 134 | [9] Wohlleben, S. 129 | [10] Elmar Hatzelmann/Martin Held, Vom Zeitmanagement zur Zeitkompetenz. Das Übungsbuch für Berater, Trainer, Lehrer und alle, die ihre Zeitqualität erhöhen möchten, Weinheim 2010, S. 109 | [11] https://www.tu-chemnitz.de/uk/pressestelle/aktuell/2/1916 (11.11. 2015) | [12] Hatzelmann/Held, S. 104 | [13] Gerhard Dohrn-Van Rossum, http://www.zeit.de/1999/01/Vom_lichten_Tag_zur_Stechuhr (11.11. 2015) | [14] Lothar Seiwert, Zeit ist Leben, Leben ist Zeit, München 2013, S. 67 | [15] Fokken, S. 14 | [16] http://www.bmub.bund.de/presse/pressemitteilungen/pm/artikel/naturbewusstseinsstudie-deutsche-moegen-wildnis/?tx_ttnews%5BbackPid%5D=1050 (11.11. 2015) | [17] Ulrike Fokken, Wildnis wagen. Warum Natur glücklich macht, München 2014, S. 22 | [18] Stephen Kaplan, The Restorative Benefits of Nature, in: Journal of Environmental Psychology (1995) 15, S. 169–182 | [19] Gerhard Fitzthum, Fluchtpunkt Wildnis. Der Wille zum Naturerlebnis zwischen Sehnsucht und Wirklichkeit, http://www.natursoziologie.de/files/wildnis-fitzthum_1502201357.pdf, S. 13 (11.11. 2015) | [20] Walden, Heft 1/2015, S. 37 | [21] Arvay, S. 29 | [22] Arvay, S. 36–37 | [23] Anselm Grün, Leben und Beruf. Eine spirituelle Herausforderung, Münsterschwarzach 2007, S. 63 | [24] Thomas M.H. Bergner, Burnout-Prävention. Sich selbst helfen – das 12-Stufen-Programm, Stuttgart 2010, S. 7 | [25] Bergner, S. 124 | [26] Marco von Münchhausen, Wo die Seele auftankt. Die besten Möglichkeiten, Ihre Ressourcen zu aktivieren, München 72006, S. 132 | [27] Alfried Längle, Sinnvoll leben. Eine praktische Anleitung der Logotherapie, Wien [2] 2011, S. 57 | [28] Peter Müller, Meine Sehnsucht bekommt Füße, Ein spiritueller Pilgerführer, München 2009, S. 172 | [29] Detlef Wendler, Beten. Heilsame Kräfte entdecken, Ostfildern 2012, S. 40 | [30] Wolfgang Schlund/Georg Jehle/Charly Ebel, 100 Jahre Bannwald Wilder See, Schriftenreihe ForstBW Band 85, Stuttgart, Seebach 2011, S. 67 | [31] Herbert Renz-Polster/Gerald Hüther, Wie Kinder heute wachsen. Natur als Entwicklungsraum. Ein neuer Blick auf das kindliche Lernen, Fühlen und Denken, Weinheim und Basel 2013, S. 222 | [32] Renz-Polster/Hüther, S. 9 | [33] Renz-Polster/Hüther, S. 9 | [34] Andreas Weber, Kinder, raus in die Natur! in: Geo 8/2010 | [35] Richard Louv, Das letzte Kind im Wald. Geben wir unseren Kindern die Natur zurück, Freiburg i. Br. 2013, S. 54 | [36] Renz-Polster/Hüther, S. 195 | [37] Renz-Polster/Hüther, S. 53 | [38] Sarah Wauquiez, Was bringen Naturerlebnisse Kindern? Argumente, Erfahrungsberichte, Forschungsergebnisse, Fachverband Erleben und Bildung in der Natur, 2011 | [39] http://www.wogehtsdennhierzumglück.de | [40] http://www.raus-ins-glück.de

BILDNACHWEIS

Foto Wolfgang Schlund: © Jasmin Hernandez-Hügel
Alle anderen: © privat

VERLAGSGRUPPE PATMOS

PATMOS
ESCHBACH
GRÜNEWALD
THORBECKE
SCHWABEN

Die Verlagsgruppe
mit Sinn für das Leben

MIX
Papier aus verantwortungsvollen Quellen
FSC® C083411

Für die Schwabenverlag AG ist Nachhaltigkeit ein wichtiger Maßstab ihres Handelns. Wir achten daher auf den Einsatz umweltschonender Ressourcen und Materialien.

www.patmos.de

Umschlaggestaltung: Finken und Bumiller, Stuttgart
Umschlagfoto: © iStock/coloroftime
Gestaltung, Satz und Repro: Finken und Bumiller, Stuttgart/
Saskia Bannasch
Druck: CPI – Ebner & Spiegel, Ulm
Hergestellt in Deutschland
ISBN 978-3-8436-0715-5 (Print)
ISBN 978-3-8436-0716-2 (eBook)

Worauf es ankommt

Beate Hofmann
Einfach gut!
Mit Leichtigkeit erfüllter leben

Format 14 x 22 cm
176 Seiten, zweifarbig
Paperback
ISBN 978-3-8436-0589-2

Denken Sie auch manchmal, dass es das ideale Leben nur bei den anderen gibt? Beschleicht Sie dann das Gefühl, allein zu sein in dem Versuch, Ihren Alltag zwischen Beruf, Partnerschaft, Familie und persönlichen Träumen zu jonglieren? Beate Hofmann zeigt, dass es Wege gibt, die Sehnsucht nach dem guten Leben mit Leichtigkeit zu erfüllen. Sie beschreibt sieben wichtige Bereiche von Achtsamkeit bis Zuversicht, in denen schon kleine Veränderungen große Auswirkungen haben können. Zudem stellt sie Menschen vor, die auf ihre Art Erfolg und Erfüllung gefunden haben, und zeigt als »Coaching to go« effektive Strategien, die unmittelbar zu nachhaltigen Veränderungen führen.
Persönlich, unterhaltsam und fundiert macht Ihnen die Expertin für Lebensstärke Mut, das Beste aus Ihrem Leben zu machen.

PATMOS
www.patmos.de